佐高 信
Makoto Sataka

時代を撃つノンフィクション100

岩波新書
1873

はじめに

かつて、五木寛之と本田靖春が「フィクションとノンフィクション」について語ったことがある（『週刊現代』一九八六年二月八日号）。

ノンフィクションの本田は、「小説はラグビーで、ノンフィクションはサッカー」と区分する。

本田によれば、サッカー（ノンフィクション）は人間が一番よく使う手（想像力）の使用を禁じており、「だからこそ一点を争うゲームになって、緊迫感が生まれる」という。

これに対して五木は「ああ、なるほど。それは面白い譬えですね。だけど、サッカーでもアイスホッケーでも、見えないところでちょこちょこと反則やってるんじゃないですか、手を使って（笑）」と返す。

五木は、ノンフィクションというのは「制約というのが目に見えてある」とも言い、「ノンフィクションの中で本田さんたちがひりひりする緊張感を感じるようなものを、フィクションでもやっていこうとすれば、タブーのぎりぎりまでこなきゃいけない」とも言っている。

ここに出てきた「タブー」への挑戦を私は一〇〇冊を選ぶ基準にした。問題意識とも言えるが、どうしても書かずにはいられないという、ほとばしるものがあるかである。

「否、事実なるものは存在しない。存在するのは解釈だけである」とニーチェは主張した。それは極論としても、視点がなければ見えるものも見えない。よく、中立的な立場とか言われるが、そんな都合のいいものはありはしないのである。この本の中で『水俣病』の著者、原田正純が「変な中立主義」を怒りをこめて指弾している。

「AとBの力関係が同じだったら、中立というのは成り立ちますよ。だけど、圧倒的に被害者のほうが弱いんですからね。中立ってことは「ほとんど何もせん」ってことですよね。「何もせん」ってことは結果的に、加害者に加担しているわけです。全然、中立じゃない。権力側に加担している。それこそ政治的じゃないかと思うんだけど。ところが、被害者側に立つと、「政治的だ」と言われる。逆ですよね」

私は徹底的に「上から目線」を排し、ローアングルで人間や社会をとらえた作品を選んだ。

およそ三〇年前に岩波新書で『現代を読む』と題して「一〇〇冊のノンフィクション」を提供したが、私は「まえがき」に「すぐれたノンフィクションは時代の鼓動を伝える。現代に生きる人びとの息づかいを伝える。海、旅、風あるいは青春という感じの軽いエッセイや紀行文のようなノンフィクションがもてはやされているが、それらは流動食であって、あまり栄養にはならない。時代に挑み、まるごとその何かを切り取ったノンフィクションこそ、容易に咀嚼し難くても、読者の血となり肉となるのである」と書いた。その問題意識で、今回も「事実に近づく興奮」(佐木隆三)を感じさせる作品を選んだ。

二〇二一年一月一九日

佐高　信

目次

目次

目　次

目次

目　次

目次

I　現代に向き合う

1 『無知の涙』

永山則夫 著

二〇一七年一二月二五日付の『毎日新聞』「そこが聞きたい」は静かに読む者の胸を揺さぶった。「連続射殺事件・永山元死刑囚」について語っているのは鎌田慧で、鎌田は獄中の永山と文通していた。

「連続射殺事件当時、私は週刊誌の記者でした。一九六九年四月に永山死刑囚が逮捕された直後、彼が育った青森・北津軽の板柳町を訪ね、母親にも会いました。住んでいた長屋は共同便所の隣。二間の部屋に母親と大勢のきょうだいたちと暮らしていた。極貧の生活です」

永山は私より年下だが、ほぼひとまわり上の鎌田に永山から手紙が来るようになったのは同郷ということもあったのだろう。

一九八三年に永山は「木橋」で新日本文学賞を受賞する。鎌田は選考委員の一人だったが、「悲しみの根雪が積もりくる。津軽の一三歳は悲しい」といった一節を記憶している。

永山はこの『無知の涙』に「貧困が無知を誕《う》むのじゃなくして、資本主義社会体制自体が無知を造るのだ！」と書いた。裁判で「俺はもっと勉強がしたいんだ、トウコウで」と叫んだが、裁判官は「東工大か？」と問い返したという。永山にとってトウコウは東京拘置所のことだった。

拘置所で字を覚え、猛然と勉強した永山は無知ゆえに、何の罪もない同じ階級の人を四人も殺してしまったことに気づいて愕然とする。

『無知の涙』の副題は「金の卵たる中卒者諸君に捧ぐ」だが、故郷の貧困から逃げるように上京した永山は最初、渋谷のフルーツパーラーに勤める。しかし、半年足らずで辞め、以後、転々とした。「金の卵」は経営者にとって安く使えるという意味であり、彼らの「その後」は悲惨だった。事故で死ぬか、病気で郷里に帰るかがほとんどだったのである。

鎌田自身も高校を卒業して板橋の工場に就職した。「板敷き部屋に押し込められ日給は二三〇円。三ヵ月で辞めました。当時、転職少年は犯罪予備軍みたいな言われ方がされていましたが、これも逃げられては困る経営側の言い分でしょう」と鎌田は刑死した永山を偲びながら、「今もなお、一七歳以下の子どもの七人に一人は貧困状態と言われています。半世紀前の事件ですが、終わった話ではありません」と指摘する。

永山は法廷で海外の社会学者の「貧乏は人の社会的感情を殺し、人と人との間における一切の関係を破壊し去る」という一文を英語で語って驚かせたという。文字を得て永山は社会に目を開かれ、言葉を発することができた。社会がその声に耳を傾けなければ、第二、第三の永山則夫を生みだすことを防げないだろう。

犯行時少年だった死刑囚の刑執行は永山を最後に二〇年間止まっていた。しかし、それは破られつつある。厳罰に処されるべきは貧困を生む社会もしくは政治であるのに。

2 『鬼畜』

西村　望著

「最下層の人たち」を描いたものの一つに犯罪小説もしくは犯罪ドキュメントがある。犯罪者の行動をたどると、その生活が浮かび上がってくるのである。その描き手には佐木隆三（『復讐するは我にあり』）や福田洋がいるが、私は『火の蛾』（徳間文庫）を読んで以来、西村望の作品に病みつきとなった。

西村が立風書房刊の『鬼畜』（のち徳間文庫）でデビューしたのは一九七八年である。一九二六年生まれの西村は、そのとき五〇歳を越えていた。旧満洲大連の工業学校を卒業し、新聞記者や土建業など、多くの職業を遍歴して、その年で書き出したことが、西村のクライム・ノベルに底知れぬ奥行きを与えている。

しかし、すんなりとデビューできたわけではない。弟が人気作家の西村寿行だったが、弟に頼りたくはなかった。それで、出版のあてもなく書いた『鬼畜』の原稿を立風書房社長の下野博に送った。下野を知っていたわけでなく、たまたま、本棚に立風の本が二、三冊あったからだった。すがるような思いで日を送る西村のところに、一週間ほど経って、下野から分厚い速達の手紙が届く。そこには、これは直木賞ものの大変な作品だからすぐ本にしたい、とあった。

実は、その前に、つてを頼って、ある大手の出版社に原稿を託し、酷評されていただけに、下野の手紙は夢かと思うほどに嬉しかった。西村は夫人とともに涙にむせんだ。前記の大手出版の編集者は、ろくに読まないで酷評したらしい。

西村はその後、『薄化粧』(徳間文庫)に『丑三つの村』(徳間文庫)と、実在人物に材を取った犯罪小説で直木賞候補となった。そんな西村の犯罪ドキュメント『虫の記』(立風書房)によれば、西村は、自分自身の長年の育ちと経験から、「苦しんで、這いずりまわって生きている下層の人しか見えなくなっている」と語り、犯罪を社会のシャックリ現象だと言っている。

「知らず知らずのうちに人間の世界には階層が生じる。階層の上のほうに上がった人はさぞかし快適であろうが、下にいる人はそうではない。上のものに対して怨嗟も出ようし忿怒も生じよう。そういう屈折した心情がときに犯罪となって噴出する」というのである。思い入れを排した即物的な犯罪描写は、深夜に読んでいると、震えがくるほど凄みがある。

『鬼畜』は、高知の山奥に生まれた男が徴兵をのがれて逃走し、捕らえられたが、脱走して軍法会議にかけられる。軌道をはずれた男は、以後、「鬼畜のような殺人人生」を送るしかなかった。

ただ、酸鼻きわまる犯罪を描いても、西村作品からは、あるおかしみとぬくもりがたちのぼる。それはおそらく、西村が、お天道さまを拝めないような犯罪者を冷酷に、突き放して見てはいないからだろう。鬼畜もやはり人間だと思っているのである。

3 『ホームレス歌人のいた冬』

三山　喬著

私より四つ年上で、生きていれば二〇一八年に喜寿を迎えるはずだったホームレス俳人の大石太の愛好句が、小林一茶の「世の中は地獄の上の花見哉」だった。

こちらは俳人ではなく歌人だが、二〇〇八年の暮れから「朝日歌壇」に登場した「ホームレス歌人」公田耕一の存在が話題を呼んだ。「連絡求ム」という記事が『朝日新聞』に載り、「今は連絡とる勇気ない」という続報も掲載された。

〈柔らかい時計〉を持ちて炊き出しのカレーの列に二時間並ぶ

これが公田の最初の入選歌である。

選者の一人の佐佐木幸綱は選評のなかで、公田の歌にこう触れた。「住所欄にホームレスとあった。柔らかい時計はダリの時計である。通常の時間とは違う進み方をするのである」。

このホームレス歌人に自らを重ね合わせて、その消息を求め、横浜・寿町のドヤ街を尋ね歩いたのが、元朝日新聞記者の著者だった。その緊迫した旅路の記録『ホームレス歌人のいた冬』は、東日本大震災を経験した現在、息もつかせぬ切実感に溢れる。

鍵持たぬ生活に慣れ年を越す今さら何を脱ぎ棄てたのか

『ホームレス歌人のいた冬』

親不孝通りと言へど親もなく親にもなれずただ立ち尽くす

美しき星空の下眠りゆくグレコの唄を聴くは幻

胸を病み医療保護受けドヤ街の柩のやうな一室に居る

こうした歌によって公田は二〇〇九年の春に「反貧困ネットワーク」の「貧困ジャーナリズム特別賞二〇〇九」の受賞者となる。しかし、公田は授賞式には現れなかった。その公田の心境をやはり、「朝日歌壇」の選者の永田和宏は、著者にこう語っている。

「彼にとって短歌は、慰めというより、自負心をキープするためのものだった気がします。自分を周りの人間とは違うと思っていたかもしれない。プライドが高い人、そのせいで生きにくい人だったろう、と思いますね」

永田たちは、公田が名乗り出なかったことで、「これはホンモノだ」と信頼したという。「自己責任」というコトバが安易に使われるが、そう喧伝する人たちは、たとえばホームレス歌人の公田やホームレス俳人の大石の、自己あるが故に責任を放棄できない苦衷を推測することができまい。居丈高にそれを押しつける者こそ、自己も責任も崩壊させている例が多い。著者は一三年、記者をした後、移民に興味を持って退社し、ペルーのリマに移住して記者活動をし、二〇〇七年に帰国後はハローワークに通った経験を持っている。

4 『村の女は眠れない』

草野比佐男 著

二〇〇五年に亡くなった福島の農民詩人の草野はこんな歌も遺した。

戦争をしたくばうぬらが征きて
せよ命の予備をわれら持たざり

アメリカが戦争の愚を悟るまでイラクたたかへフセイン死ぬな

一九二七年生まれで、いわき市に住んだ草野は、農業の荒廃をもたらした責任の所在をあいまいにすることに反対し、こう宣言した。

「ぼくは、こういう時代にこそいわれなき妥協や譲歩をあくまでも拒否するしたたかな精神が大切だと信じているのです。換言すれば、たとえ国家の方針であれ時代の要請であれ、席を立つ理由がないのにそれをし、あるいはまた日々の不如意を己のいたらなさに帰して恥じる優等生的思考が相手の力を援ける結果になって、農業の崩壊を進めていくと見るのです。厖大な出稼ぎの数も、生産調整の受諾を境にさらに俄かに殺伐さを帯びた人と土の表情も、その確証です。瀕死の状態になっても土を離れず、徹頭徹尾悪いのはお前だ、と指さして吠えつづけるものわかりのわるさ、ききわけのなさが、最終的にぼくらを守る絶対不可欠の条件だと知るべきです」

先のことを考えずに減反を強制し、何年か経ってそれを解除する無責任な政府に、草野は、

『村の女は眠れない』

どこまでナメれば気がすむのか、という思いだったのだろう。その怒りが凝結して「村の女は眠れない」の絶唱は生まれた。

女は腕を夫に預けて眠る／女は乳房を夫に触れさせて眠る
女は腰を夫にだかせて眠る／女は夫がそばにいることで安心して眠る
夫に腕をとられないと女は眠れない／夫に乳房をゆだねないと女は眠れない
夫に腰をまもられないと女は眠れない／夫のぬくもりにつつまれないと女は眠れない
村の女は眠れない／どんなに腕をのばしても夫に届かない
どんなに乳房が熱くみのっても夫に示せない／どんなに腰を悶えさせても夫は応えない
夫が遠い飯場にいる女は眠れない

（中略）

女の夫たちよ　帰ってこい／それぞれの飯場を棄ててまっしぐら
眠れない女を眠らすために帰ってこい／横柄な現場のボスに凄ひっかけて
出稼ぎはよしたと宣言して帰ってこい／男にとって大切なのは稼いで金を送ることではない
女を眠らせなくては男の価値がない

「女が眠れない理由のみなもとを考えるために帰ってこい」と草野は訴え、「女が眠れない」ような「許せない時代を許す心情の頽廃はいっそう許せない」と結んだ。

5　『復讐するは我にあり』
佐木隆三 著

直木賞受賞作の大幅改稿版である。ノンフィクション・ノベルの金字塔と言われるが、著者がなぜフィクションを書くようになったかについての興味深い告白がある。

「現実をストレートに伝えるルポルタージュを書いていると、小説がいかにも現実から目をそむけているように見えてくるものなのだ」

ところが、ある日突然、逆にルポルタージュの仕事がいかにもつまらないものに思えてきた。それは、ルポが悪の告発になりがちだからである。「どこか声高に、正論を吐いてしまう」ルポの方法は「奇妙に、政治の論理に似ている」と著者は言う。

「およそ政治家たるもの、右翼から新左翼に至るまで、常に正論を吐いていなければ、存立の基盤を失うだろう。政治家は常に、正義の神聖なる使徒なのである。そして、ルポルタージュを書く自分もまた、なんとその顔つきが、彼らに似ていることか……」

こう述懐した著者はここで連続殺人事件の犯人を描いた。悪の魅力に光を当てたのである。

著者の忘れられないエッセイがある。著者が沖縄に〝漂泊〟していた頃の話である。ある時、『琉球新報』の記者と一緒に、親しくなった娼婦と話をしていたら、突然、彼女がこう言った。

「私もう、ものすごく頭にきたことがあるんだ。『琉球新報』に投書させて」

その記者が「いいよ」と応ずると、彼女は、「それで、いくら」と聞く。

著者たちは、原稿料のことかと思って、答えにとまどっていたら、彼女は逆に、いくら出せば投書欄に載せてくれるかと尋ねていたのだった。

これについて、著者はこう書いている。

「よく考えてみれば、彼女の感想は、そんなに間違っていないわけです。自分のことを考えてみても、思い当たることがたくさんあるしね。そのときに大げさに言えば、目のうろこが落ちた気がした。つまり、ジャーナリズムというのは大変正義を愛し、公平であるけれども、彼女のほうから見れば、金を出した人間が意見を述べることができるところであるみたいな思い込みがある。彼女なりの新聞の読み方で、新聞というのはそういうものだと彼女が思っているわけです。あとで新聞記者と二人で頭を抱えましたけれどもね」

著者がこの作品で直木賞を受賞した時のパーティで、著者の目の前で「ただ調べたってだけのくせに」と聞こえよがしに言った作家がいたという。

しかし、何をどう調べるか――何に注目して、それをどんな視点から調べるか。

そこには、隠しようもなく、書き手の「人生」が表れるのである。

6 『自動車絶望工場』

鎌田　慧　著

『自動車絶望工場』は「潜入ルポ」といわれたが、「車だけでなく絶望をつくり出す工場」という意味をこめたこの作品の最初の題名は『トヨタ絶望工場』だった。しかし、土壇場でトヨタから出版社に圧力がかかり、トヨタの名がはずされる。

この作品は大宅壮一ノンフィクション賞の選考委員たちに批判された。それについて鎌田は、自らの反逆人生を振り返った『声なき人々の戦後史』(藤原書店)で、こう語っている。草柳大蔵と扇谷正造の選評は見過ごすことができなかった、と言ってである。鎌田によれば、草柳は「自己体験をべったりと書きながら、それ以上に出るものがなく、ルポルタージュの一要素である記録性、あるいは記録の重みにかけるところがある」と批判し、扇谷は「取材の仕方がフエアでない」と決めつけたという。

それに対し、実際に臨時の季節工としてトヨタの工場に入り、その過酷な実態をルポした鎌田は「では、会社の広報部へ行ってPR記事を書けというのか」と反発した。

この作品が*Japan In The Passing Lane*(追い越し車線の日本)と題してアメリカで出版された時、長い序文を書いたのがロンドン大学教授で『都市の日本人』(岩波書店)等の著書もあるロナルド・ドーアである。

ドーアは、この英訳本の序文を書くために、鎌田が書いたこのような季節工と長時間の時間外労働がいまどうなっているのか、その数字を教えてくれ、とトヨタの人事課に手紙を出した。すると、すぐにトヨタの中間管理職が飛んできて、「尊敬すべき大学者であられる先生が、どこの馬の骨とも分からぬひねくれ者があのような口ぎたない言葉で書きつらねた本に関係されるとは意外です」と言ったという。ドーアはこの経緯をそのまま序文に書き、トヨタは世界に恥をさらした。

当時、トヨタの取締役広報部長は『週刊文春』で、こんな反論をしている。

「あんな一〇年前のことを書いた本が英訳されたからって、世界のトヨタがびくついていたら、世界中で仕事なんかできませんよ。顔を見るか、肛門を見るか、それは読者の勝手だが、世の中には肛門ばかり見たがる連中もいることはいる。出版の仕掛人はわからんが、中間選挙で当選した議員連中は、ローカル・コンテンツ法案(保護主義法案の一つ)にからんで、日本の誹謗中傷ばかりしていた。だから当選できたんだろうが、やることがフェアじゃないね」

誰から見てのフェアなのか。私も企業のことを書いてきたから、よくわかるのだが、取材に対して、会社の方が決してフェアではない。都合の悪いことを書かれまいと、さまざまに画策したりするからである。

7 『生き地獄天国』

雨宮処凛 著

著者と対談講演で関東学院に行った時、学生たちがザワザワしていて話を聞かないので、途中で叱りつけ、終わってから、気にならなかったかと尋ねたら、「全然。私も同じでしたから」と言われて、肩すかしを食った。激しいイジメに遭い、何度もリストカットして自殺を図った彼女のくぐりぬけてきた道は、私を含め、いわゆる優等生だった左派系文化人のそれとは決定的に違う。彼女との対談『貧困と愛国』(角川文庫)で、組合型教師が彼女にとっては抑圧的だったと言われて、組合活動に熱心だった元教師の私は返す言葉がなかった。

その後、彼女は新右翼の団体に入る。左翼のそれより温かったからである。やめる際も、いろいろ難しいことは言われなかった。わが師の久野収は、日本の左翼に不足なのは、右翼から左翼に転向した人がいないことだと指摘した。その逆は、まさに掃いて捨てるほどいるけれども、権力というものを内側から体験的に知ったうえで左翼に出てくる人間がいなければいけない、と繰り返し言っていたのである。

著者が、いま、左翼なのかどうかは知らないが、右翼から出発して、現在のリベラルな立場にいるということは非常に貴重である。著者を左翼と右翼の両陣営に案内したのは左翼から右翼に転向した作家の見沢知廉だった。著者は見沢の「生きづらい奴は革命家になるしかない」という言葉に衝撃を受ける。見沢は若者たちを「ショボいケンカをするくらいなら、生きづらいなら、国家に喧嘩を売ってみろ」と挑発していた。

「僕のことを笑ってごらんよ」

一四歳の著者を救ってくれたのは、こう歌うビジュアル系バンドだったという。この本には当時を回顧して、「最近の私は、手首を切るためだけに生きている」と記した一節がある。

すべてが自分の責任とうつむいて自分を責めていた著者は、右翼や左翼のグループの主張に触れて「社会の責任」というのもあるのだということを発見する。著者にとってこれは「生き地獄天国」から抜け出す方向を示した。だいたい支配者は、己れの失政をごまかすために、すべては自己責任で社会の責任ではない、と教え込む。しかし、どんなにがんばっても社会の壁を突破できない者もいる。たとえば派遣労働を認めたことによって、若者たちの半分以上が不安定な派遣社員になってしまった。まさにこれは制度の問題である。

著者は自らの体験を踏まえて、いま、プレカリアート(イタリア語で〝不安定な〟を意味する「プレカリオ」と「プロレタリアート」の合成語で、非正規雇用労働者および失業者の総称)を救済する運動を展開し、そのジャンヌ・ダルク的存在となっている。そんな彼女の原点がわかる壮絶な半生記である。

8 『お笑い大蔵省極秘情報』

テリー伊藤 著

日本一高い富士山のように「官庁の中の官庁」を自負していた財務(旧大蔵)省で前代未聞の公文書改竄事件が起きた。政治家に屈したわけである。彼らエリートのゆがんだホンネを知るには、テリー伊藤を相手に匿名を条件にブチまけたこの本以上のものはない。

「常に大蔵省のほうが上にあるのが、国会であり、日本の政治なんですよ。それは代議士自身が一番よく知ってる。国民に対してはいえないけれども――国民も知ろうとしてないけれどもね――本当はそうなの。だからこそ、大蔵省の官僚に娘をあてがおうとするわけです。その政治家を選んでるのは誰か。国民でしょう。だから私が「バカな国民」というとテリーさんは憤慨するけれども、国民がバカでなければ、あんな政治家を選ぶものですか」

憤慨しないで読んでいただきたいが、この大蔵官僚は、「国民の上に立つ政治家をコントロールしているから、いちばん偉い」と言う。そして、「橋本龍太郎や小沢一郎という人は、自分たちの掌で踊っている」し、「田中真紀子は、おやじの田中角栄の遺産がらみで国税庁にはまったく頭があがらない。制御しやすい」と続ける。

橋本は当時、首相だったが、安倍晋三によって、逆に彼らは踊らされることになった。そのころ、主計局次長の中島義雄や東京税関長の田谷廣明のスキャンダルが発覚していたが、それについても、「中島、田谷が女を抱いたといっても、京都に行って抱いてるわけでしょう。いわば遠く離れてやってたわけ。彼らはそれなりの配慮を尽くしてたんです。(中略)中島さん、田谷さんというのは、一応主計(局)の人間だから、銀座では女を抱いてない。わざわざ時間をかけて京都まで行ったんだ」

書き写してバカバカしくなる放言である。

先年亡くなった自民党の野中広務は大蔵と闘った数少ない政治家だった。

野中は『私は闘う』(文春文庫)の中で、こんな逸話を披露している。

「京都の祇園祭りで、いちばんの特等席と言えば、儀式の一番のクライマックスである鉾の巡行「くじあらため」を市長が行う場所の裏側の席である。ここからの眺めが一番美しく、迫力がある。その特等席に毎年指定席のように陣取っているのが、大蔵省のお役人だった。また「大文字送り火」でも、大蔵省のお役人は毎年のように京都の高級料亭の一番眺望のいいところで大文字を眺めながら、舞妓や芸子をはべらせて飲んでいらっしゃった。こうした席を用意しているのは、民間の金融機関や、えたいの知れない人物たちである」

9 『異色官僚』

佐橋　滋著

「私は役人のときも常に自分の是なりと信ずる一本の道をひとつおぼえのように歩いてきた。
いまさらこの生涯を汚したくはない。私は私の思うように生き、そして死んでいくだけだ」

こう語った佐橋は、城山三郎の小説『官僚たちの夏』(新潮文庫)の主人公、風越信吾のモデルとして知られるが、その佐橋の役人時代について、通産(現経産)省の巡視長だった人が、次のように証言している。

「事務次官で印象深いのは、なんといっても佐橋さんですね。帰りがけに巡視の部屋にふらりと入ってこられるんですよ。いろいろ世間話をしました。時にわれわれの焼いたメザシなどつまむ、ほんとに親しめる人でした」

このように、かつて「天皇」とまでいわれた佐橋の印象を逆転させるような、その庶民性についての証言は少なくない。

佐橋はまた、哲学者の久野収との対談で、「ぼくは役人のときにいばりくさったように思われていますけど、そういうふうにとられるのはちょっと心外で、エライ人に頭を下げなかっただけです。あとはとにかく自分の部下であろうと何であろうと、これはまったく気分的に対等であって、民間の言うことでも役人の言うことでも対等で聞いた」と語っているが、現在のエリート官僚の中に、ナチュラルに巡視と世間話ができ、エライ人に頭を下げない人が何人いるだろうか。こうした「平等思想」から、革命的なノン・キャリアの登用という考え方も出てきたのであり、次のような「抵抗の原理」も生まれてきたのである。

佐橋が重工業局の次長の時、通産大臣は高碕達之助で、高碕は当時、東洋製缶の社長だった。東洋製缶はアメリカの技術を導入して独占的にやっていたのだが、ある製鉄会社が別の技術を導入してそれに対抗する会社をつくろうとし、佐橋はそれはいいことだとして、東洋製缶の競争会社をつくらせようとした。しかし、大臣が東洋製缶の社長なのだから通るはずがない。案の定、大臣も次官もダメだと言う。それで佐橋は、「それなら次官とも大臣とも決裂だ。おれはこれは何としてでもやる。それがお気に召さないなら、おれの首を切れ。そのとき、おれはこういう理由で首を切られたと公表する」と突っ張って自分の意見を通した。

森友学園や加計学園の問題で「行政がゆがめられた」と公言して話題になっている文部科学省の元事務次官、前川喜平は退官後に勇気ある発言をしたのに対し、佐橋は在職中に大臣や次官に物申していた。そのために大臣が三木武夫だった時、〝佐橋大臣、三木次官〟などとも言われたのである。

「政治は昔から悪かった。政治はよかったためしはない」も佐橋の口癖だった。

10 『会長はなぜ自殺したか』

読売社会部清武班 著

七つ森書館の「ノンフィクション・シリーズ〝人間〟」の一冊に入った際のあとがきで、元読売新聞社会部記者の清武英利は書いている。

「私自身は編集委員などを経て、読売巨人軍の裏金問題を機に、巨人の球団代表兼編成本部長に担ぎ出された。そして、巨人軍の専務取締役球団代表兼GMの職にあった二〇一一年一一月、読売新聞グループ本社代表取締役会長である渡邉恒雄氏を記者会見で告発して解任された。報告し確定していたコーチ人事を「鶴の一声」で覆す、渡邉会長の球団私物化の非を訴えたのだった」

そして、「その告発とこの復刻本とは全く関係がないが」と続けているが、いわゆる「清武の乱」によって、一度は了承していた著者名(清武班)が読売側から訴えられ、この本は店頭から姿を消した。その意味でも、逆に是非ここで取り上げたい。

総会屋との癒着が暴かれた第一勧銀事件で会長だった宮崎邦次をはじめ、少なからぬ自殺者が出た。なぜ、そんな事態に陥ったのか？　さまざまな証言を軸にしながら、その謎に迫っていくこの本は、推理小説を読むようなスリルに満ちている。そして、読後、いかに日本の一流銀行(一流企業も同じ)が、哲学をもたない〝裸の王様〟によって恣意的に運営されているかを知って暗然となるのである。

第一銀行出身で第一勧銀の会長をつとめた藤森鉄雄は、総会屋の木島力也との癒着について、自分はむしろ、頭取になった宮崎邦次に、自粛せよと注意したのだと語っているが、私が取材した限りでは、藤森に追われて第一勧銀を去った青木辰男の次の証言の方が信ずるに価する。

「藤森が、自分が相談役に退いてからも行内に影響力を保持したいがために、木島という存在を使ったんだよ」

そして青木は「藤森が木島の虚像を膨らませ、宮崎と奥田(正司)がそれにとらわれた」と指摘する。まさに〝呪縛〟である。私はかつて、「日本の社長はなぜ自殺しないか」と問うたことがある。この場合の社長とは大企業のトップのことだが、欧米と違って彼らが自殺することはなく、かわりにミドルが自殺する。頭取、会長を歴任した宮崎の自殺は、一見、私の指摘に反するように見えるが、決してそうではない。秘書畑が長かった宮崎は、井上薫や藤森に仕えた、いわばミドル的トップなのである。だから、前任者たちをかばって自ら命を絶った。

「君！　君を重役にしてやったのは、一体だれだと思ってるんだ！」

中堅幹部たちの〝査問〟に、藤森はこう言って激怒する。宮崎に対しても、藤森は同じような気持ちでいたに違いない。銀行が潰れるかもしれない危機に中堅幹部たちが決死の思いで立ち上がるさまも、このドキュメントは描いている。

11 『住友銀行秘史』

國重惇史 著

「イトマンは住銀のタンツボです」

テレビ朝日の「ニュースステーション」に呼ばれて私は当時こう言った。住友銀行は子会社化したイトマンをタンツボのように扱ってイトマン事件を惹起したと指摘したのだが、テレビ朝日のメーンバンクが住銀だったこともあって、このコメントはさまざまに波紋を呼んだ。

では、「戦後最大の経済事件」といわれるイトマン事件はなぜ起こったのか？

住銀は関西の雄ではあっても、それまでは決して〝全国区〟の銀行ではなかった。同じ旧財閥系の三菱並みの銀行にというのは住銀の悲願だったが、磯田一郎が頭取になって、竹下登らに接近し、その夢の実現に狂奔する。〝闇の世界の貯金箱〟といわれた平和相互銀行を吸収して首都圏進出を果たすのである。その過程で竹下に関わって「金屏風事件」なるものも起こった。しかし、それでトップバンクの仲間入りをするのだが、磯田が後継頭取に指名した小松康は、少しは闇の勢力との関係を切ろうとする。

それに対して、闇の勢力が怒って起こしたのが、住友銀行東京支店糞尿弾事件だった。東京支店のロビーに糞尿がバラまかれたのである。すると、あわてた磯田は突然、小松の首を切り、闇の勢力との関係をそのまま維持しようとした。こうした背景の中で、イトマン事件は起こったのだが、磯田自身の身内の問題もあり、それは住銀の屋台骨を揺るがしていく。

　磯田ワンマン支配下で住銀再生のために用意周到にそれを覆す行動を起こしたのが、著者の國重だった。國重は二〇一六年一〇月一〇日付の『朝日新聞』「ひと」欄に取り上げられているが、その中に「住銀取締役などを経て楽天副会長を務めたが、二年前に女性問題で辞任」とある。そんな國重に、どんなタイプの女性が好きかと尋ねると、一言、「タイプはありません」という答えが返って来た。住友銀行でエリート街道を歩きながら、内部告発の手紙を当時の大蔵省銀行局長あてに出したと言えば、たくましくて厳めしい男を想像するかもしれないが、ほとんど無手勝流のあっけらかんである。

　誰が書いたかを探られないため、國重は手袋をして告発の手紙を投函したという。新聞記者になりたかったという國重の取材は多岐にわたり、銀行お抱えの車の運転手とも酒を酌み交わした。磯田の秘書も國重の重要な取材源だったというから驚く。

　しかし、詳細にメモしていたこれらの動きを表に出す気はなかった。墓場まで持っていくつもりだったが、編集者に口説かれて本にしたら、ベストセラーになった。磯田らの腐敗したドンを追放しなければ、住銀は潰れてしまうというのが、國重たち内部の者の強烈な思いだった。

12 『電通の深層』

大下英治 著

広告業は資本主義の戦略産業であるといわれる。その日本でのガリバー企業・電通に前首相夫人、安倍昭恵も勤めていた。もちろん彼女は過労自殺した高橋まつりのように限界を超えてまで働きはしなかっただろうが、電通は原発からオリンピックまでを仕切っている。著者によれば、自民党のPRも一貫して電通が担当してきて、「電通イコール自民党」だからだとか。ちなみに、自民党と連立を組んでいる公明党のPRは電通の子会社の電通東日本が担当している。

過労自殺が糾弾されても、自民党と同じように電通には反省がない。高橋まつり事件でメディアからの取材には答えないようにというお達しが出たという。東日本大震災によって東京電力福島第一原発事故が起こった時もそうだった。

ある社員が上司に、

「これまでの東電べったりの態度は、改めるべきではないですか！」

と申し立てたら、

「われわれの給料も、東電からのカネがはいっているのだ！」

と一喝された。

『電通の深層』

東京オリンピック・パラリンピック組織委員会理事の高橋治之は、電通入社後、国際本部海外プロジェクト・メディア局長などを経て専務となり、二〇〇九年に顧問に就任した。高橋は「サッカーワールドカップとFIFAを支える巨額のテレビ放映権料の取引の最前線に、三〇年以上も立ち続けている」超大物だという。

弟が東京協和信用組合をめぐる背任容疑で逮捕された高橋治則で、二〇〇五年に亡くなっている。招致にからんで東京側から多額のおカネが、当時のIOCの委員だったラミン・ディアクに渡されたという疑惑を報じたのは、二〇一六年五月一一日付のイギリスの新聞『ガーディアン』だった。電通がタブーとなっている日本のメディアはほとんど追及しない。

著者は「今もし、高橋に対して逮捕請求が出て、日本政府がそれに応じた場合、その時点で東京オリンピックは崩壊してしまう」と書いている。原発もオリンピックも腐敗の中心に電通がいるのである。

この本には著者が書いた『小説電通』も併載されている。小説という形でしか書けなかったこの作品も、電通の力を恐れたいくつかの出版社から拒否され、三一書房から出た。そして、その後、徳間文庫に入ったが、著者は干されることを覚悟して、これを世に出した。そのジャーナリスト魂は、著者が師事した作家の梶山季之から受け継いでいる。著者は広島大学の梶山の後輩でもあった。

13 『共生の大地』

内橋克人 著

日本の経営ジャーナリズムに衝撃を与え、革新させた内橋の『匠の時代』シリーズは、三菱電機の布団乾燥機開発物語を皮切りに、小西六の自動焦点カメラ、東レの人工皮革エクセーヌ等の誕生ドラマと続いた。内橋は私との対論『「日本株式会社」批判』(現代教養文庫)で、その執筆動機を次のように語った。

「私が企業社会の中で技術者の存在に興味を持ったのは、個の実現と、組織の中でビジネスマンとして、ある程度、自分と他と調和させながら生きていけるという二律背反を、技術を媒介にすることによって実現できるのではないかと考えたからです。『匠の時代』で会った技術者たちも、何かそこに新しい調和の次元を見いだしていると思いました。だから、あそこでは、企業社会がどう変わろうと、だれがトップになろうと、自分はこれをやるんだという、現在のわれわれから見ると、あらまほしき人間像を描いたわけです。個の確立を考えないと、いまの企業社会では根こそぎやられてしまう。個を重んじない社会には創造性なんかありませんからね」

多くの経済記者は、内橋の指摘するように「冷暖房のきいた応接室に座って、コーヒーを飲んで、トップに会い、その会社がわかったような気持ちで」記事を書く。たいてい、それはトップを礼讃する成功物語である。残念ながら、現在もそうした記事が主流である。その風潮に大きな風穴を開けるように内橋は第一線の開発エンジニアに焦点を当てた。

しかし、もう三〇年ほど前から、内橋は『匠の時代』の続きを書く気はない、と言っていた。会社から、自由な雰囲気や開放感が消えてしまったからである。東京電力福島第一原発の大事故や、名門企業東芝の粉飾決算による凋落などが、それを証明している。いわば、「日本株式会社」の崩壊は予言されていたとも言えるのだが、そのために内橋は、企業の外に解決策を求めて『共生の大地』を書いた。

「資本主義でもなく社会主義でもない、もう一つの大きな思潮がイギリスに誕生して、一九九四年でちょうど一五〇年が過ぎた」と始まるこの本は『日本経済新聞』に連載された。それが岩波新書として出たのは理由のないことではないだろう。

「一人は万人のために、万人は一人のために」という「協同の思想」は、その後、『日経』が先頭となって唱導した竹中平蔵流の市場最優先主義、あるいは新自由主義とは真っ向から対立するものだからである。たとえば、株式会社を名乗っているが、利潤追求を目標としない市民バンク的「使命共同体」の背景には「フェアトレード(公正貿易)運動」がある。「いかに安く」ではなく「いかに適正かつ公正な価格で買うか」の運動である。それを内橋は過疎に挑む「童話村」や国境を越える泉州織物に求めて報告する。

14 『竹中平蔵　市場と権力』佐々木実著

　副題が「「改革」に憑かれた経済学者の肖像」で竹中平蔵の軌跡を追ったノンフィクションである。私は『竹中平蔵への退場勧告』(旬報社)で竹中の罪を追及したが、佐々木と私に立命館大学教授の高橋伸彰を加えて、『週刊金曜日』の二〇一三年一〇月一一日号で、この本を中心に座談会をやった。

　小泉純一郎の下で竹中は「改革」を進めたが、その後、竹中は「日本維新の会」の橋下徹に接近する。

「私の目には、橋下氏と、小泉元首相の姿が重なって見えます。どちらも原理原則を貫き、自分の言葉で国民に語りかけることができる政治家だからです」

　こうまで言って橋下を持ち上げた竹中の「改革」は俗に新自由主義といわれる。それについて、前掲の座談会で高橋は次のように指弾した。

「フリードリヒ・ハイエクの言う新自由主義と、竹中さんら『改革に憑かれた』人たちの言う新自由主義とはまったく違っていて、ハイエクは新自由主義と名付けたわけですが、竹中さんのはそうじゃない。権力が働かないようにするのが市場なのに道具にしてしまった。ハイエクも驚く新自由主義です」

竹中の言論はくるくる変わる。それで佐々木は彼の言葉ではなく行動を追うことにした。すると政商ならぬ学商の竹中の姿が浮かび上がる。国会議員となり、大臣にもなった竹中について私はこう批判した。

「政治と関わらないということは私欲から離れるということですね。ところが竹中には私欲の話しか出てこない。パソナの会長に就任する話や、フジタ未来経営研究所の理事長になって日本マクドナルドの未公開株を譲渡される話、それに脱税というか逃税の話……。『市場と権力』がしている批判の有効性は、その私欲の部分と竹中個人を結びつけた点だと思います」

ちなみに、フジタ未来経営研究所は日本マクドナルドの創業者、藤田田がつくった研究所で、そこの理事長におさまった竹中は、上場前のマクドナルドの株を藤田に譲渡される。上場後に売却すれば差額が手に入るわけで、これは国会でも問題となった。それで私は竹中に〝マック竹中〟というニックネームを進呈したのだが、彼は気に入らなかったらしい。

八年前の時点で佐々木はこう言っている。

「いま竹中さんが熱心に取り組んでいるのは国家戦略特区の仕組み作りのようですね。歯車がまわりだせば、新自由主義化の流れが決定的になる可能性もあります」

必要な規則も「特区」という形で崩していった結果が森友学園や加計学園の問題として噴き出ているということは言うまでもない。新自由主義はつまり利権自由主義なのである。

15 『松下幸之助の昭和史』

立石泰則 著

日本人には宗教がないとよく言われる。

私はそれに対して、トヨタ教とか、松下ＰＨＰ教とかの企業教があるのだ、と反論してきた。この宗教のマインドコントロールは、たとえばオウム真理教(現アレフ)のそれなどよりよっぽど強い。それに会社には、社宅という名のサティアンもあるのである。中でも強力な企業教がトヨタとマツシタのそれであり、松下幸之助は松下政経塾なるものまでつくった。

一九八九年四月二七日、〝会社国家・日本〟で「経営の神様」と呼ばれた松下幸之助が亡くなった。享年九四。「コーノスケ・アンド・ヒズ・カンパニー」を解析することは、ある意味で日本を解析することであり、その大業に立石は挑んだ。

幸之助が実権を握っていた時、松下電器産業(現パナソニック)がコンピューターへ進出するかどうかが問題になった。しかし、「神様」の幸之助が、コンピューターは先行投資にカネばかり食って儲からんようだから、やめやと言ったために進出しないことになる。「神様」のこの〝ご託宣〟はその後の松下電器を長く縛ることになった。同社においてコンピューターへの進出を言うこと、すなわち、脱家電を主張することは、脱幸之助を意味することになり、タブ

『松下幸之助の昭和史』

ーとされていくのである。立石はこの本で、「幸之助神話」が仇となったという視点から、昭和史の中の幸之助を丹念に追っている。

松下電器のコンピューターからの撤退を知らされた日本電気(NEC)副社長(当時)の小林宏治はその真意を計りかねて、こうクビを傾げたという。

「松下(幸之助)さんともあろう人が、この有力な未来部門に見切りをつけるとは、いかにも残念。分からない。コンピュータは今でこそソロバンが合わないが、しかし、これは将来必ず、家庭電器の分野にも不可欠なものになる。松下さんは一体、何を考えていなさるんだろうか」

城山三郎は、幸之助を「経営の神様」ではなく、「金儲けの神様」と評したが、実は「金儲けの神様」でもなかったということである。立石は、幸之助神話の形成のためにつくられたPHP研究所についても犀利な分析のペンをふるう。

「GHQの各種指定で松下電器と幸之助には「戦犯企業」「戦犯」というイメージがつきまとっていた。そんな幸之助が主宰するPHP活動に、多くの国民が何か胡散《うさん》臭いものを感じとったとしても無理からぬことであった」

立石はこう指摘し、PHP活動は戦犯企業、戦犯というイメージを払拭するための運動だったという「根強い見方」を紹介している。

16 『ルワンダ中央銀行総裁日記』

服部正也 著

刊行から半世紀近く経って、なお増刷される本にはそれだけの力がある。生前何度か会った著者は七〇歳を越えても若々しい人だった。毎日出版文化賞を受けたこの本は次のように書き出される。

「聞いたこともないルワンダの中央銀行にゆかないかという話を、国際通貨基金からはじめて受けたのは、昭和三九年九月の通貨基金東京総会の際であった。そのときは非公式の話であったし、たいして気にもとめなかったが、同年一二月三〇日、通貨基金から正式に日本銀行に、私をルワンダ中央銀行総裁として派遣してほしい、と申入れの電報がきたときは、東京総会の宴会でバリッとした服装の黒アフリカ諸国の代表に混って、モサリ服に襟のすり切れたワイシャツ着用のルワンダ代表に会ったことを思いだし、これはひどいところにゆくことになったと思った。日本で調べても、ルワンダの事情はなにもわからない。乏しい資料で想像できるのはひどい貧乏国、ひどい後進国というだけである」

東大法学部を出て日本銀行に勤めていた服部は、こうして独立まもないアフリカの小国ルワンダに行き、六年間、その経済改革と国造りに奮闘する。

服部はその後、世界銀行の副総裁にもなったが、四〇代後半から五〇代前半にかけての「ルワンダ体験」は大変だったでしょう、と尋ねると、「ぬるま湯につかっていると、外は寒いと思っちゃうんですよね」と笑みを浮かべて、首を横に振った。

「イヤな思いをしなかったわけではないけれども、日銀にいる時よりは、それは少なかった」というのである。

自分もエリートなのに、「保身」を考える年寄りくささとは縁遠い服部は、つねにチャレンジ精神を失わなかった。服部に言わせると、常時ストをやる労働者を相手にしているイギリスの経営者の方が日本の経営者より優れている。服部はルワンダを去るに当たって、こう思った。

「私は戦に勝つのは兵の強さであり、戦に負けるのは将の弱さであると固く信じている。私はこの考えをルワンダにあてはめた。どんなに役人が非能率でも、どんなに外人顧問が無能でも、国民に働きさえあれば必ず発展できると信じ、その前提でルワンダ人農民とルワンダ人商人の自発的努力を動員することを中心に経済再建計画をたてて、これを実行したのである。(中略)後進国の発展を阻む最大の障害は人の問題であるが、その発展の最大の要素もまた人なのである」

これほどダイナミックな経済実践記録もない。生きた経済の教科書である。

17 『グーグルで必要なことは、みんなソニーが教えてくれた』

辻野晃一郎 著

ソニーとホンダは日本企業の中では異質である。

残念ながら、「異質だった」と過去形にしなければならないほど、ソニーは〝パナソニック(松下)化〟し、ホンダは〝トヨタ化〟しているが、辻野は「出る杭は伸ばせ！」の精神が十分に生きていた時代のソニーで育った。この本の中で辻野は、ソニーには「上司にやめろと言われたくらいでやめるようなら最初からやるな」というカルチャーがあったとして、創業者の井深大の語録を引く。

「自分がいいものに気がついたら納得するまでやって、上司も納得させなければならない。トップがわからなかったらケンカしてでもいいところをわかってもらえるよう、とことんやっていかないと本物にはならない。ただ、アイデアだけ出して、独創性だ、創造性だと言っても仕方ないんだよね」

生意気な奴を歓迎するというほど個を大切にするソニーに望んで入った辻野は、同期の新入社員が文系理系合わせて七〇〇人近くいることにガッカリした。研修の時に、人事の人間に、「何でこんなに大勢採るんだ？　ソニーは少数精鋭なんじゃないのか」と文句を言ったという。

井深にインタビューした時、井深が「アメリカのエレクトロニクスは軍需によってスポイルされる」と答えたのが忘れられない。それは多くの経営者とは真逆の指摘だった。その経団連観もユニークで、「私は経団連には行かないんです。経団連というのは話し合いの場で、どうやって競争しないかを決める団体ですからね」とズバリと言い切る井深には「勝手な議論ができる」経済同友会のほうが肌に合った。

井深は「話し合いの場」といっているが、つまりは談合の場ということだろう。

「経団連では、つい最近まで、軍需をやらなければ日本の工業はついていけないということを堂々と言っていた。私は逆で、アメリカのエレクトロニクスは、軍需によってスポイルされるということを二〇年余り前から言いつづけてきたんです」

井深にインタビューしたのが四半世紀前だから、およそ半世紀前から井深はこう忠告していたことになる。その精神を確実に受け継いで、辻野は「我が国を、戦争で儲ける国などに決してしない為」に、次のように指摘する。

「戦後、平和憲法の下、戦争放棄した我が国は、「軍産複合体」化した戦前の国家体質を反省し、軍事と経済活動を相容れないものとして切り分けてきた。いわゆる「死の商人」ビジネスとは一線を画してきたのだ。しかし、一連の安保関連法案成立の裏で、ついにその歯止めも取り払われた」

ソニーをやめて、グーグルの日本法人社長になった時も、辻野はとまどうことがなかった。

18 『憚りながら』

後藤忠政 著

一九九六年春、新進党に統合された旧公明党の国会対策委員長として活躍した権藤恒夫は自民党の実力者の野中広務と会った際、「公明」代表の藤井富雄が山口組傘下の暴力団後藤組の組長・後藤忠政と会っているビデオが自民党に届けられた、と打ち明けられる。新進党切り崩しの材料になるこの「密会ビデオ」があるという話が永田町に流れたのは一九九五年の暮だった。

当時、自民党の組織広報本部長として反創価学会キャンペーンをリードしていた亀井静香が命を狙われているという噂が流れ、SPが増員されたりした。魚住昭著『野中広務 差別と権力』(講談社文庫)で、〝参院のドン〟といわれた村上正邦の元側近が、こう語っている。

「騒ぎの発端は、藤井さんと後藤組長の密会ビデオでした。亀井さんが入手したそのビデオのなかで、藤井さんは反学会活動をしている亀井さんら四人の名前を挙げ「この人たちはためにならない」という意味のことを言ったというんです。受け取りようでは後藤組長に四人への襲撃を依頼したという意味にもとれる。それで亀井さんと村上、警察関係者、弁護士、私も加わって対策会議が開かれたんです」

その後藤が語り、元『噂の眞相』記者の西岡研介がまとめたのがこの本である。

著者プロフィールには「元山口組後藤組組長。二歳で父の郷里・静岡県富士宮市に疎開して以降、同地で育つ。(中略)二〇〇八年一〇月引退」とある。この本の第四章が「創価学会との攻防」で、かつては創価学会が信仰する日蓮正宗の本山が富士宮の大石寺だったから、「地元で揉め事を扱っていた」後藤とは自然と関わり合いが出てきた。そして、大本堂や墓地の土地売買や建設工事をめぐって疑惑が取り沙汰され、富士宮市議会に調査のための一〇〇条委員会ができて池田大作の名誉市民剝奪の動きが出てきた時、後藤はそれを潰しにかかる。

つまり、ある時期まで後藤組は学会のボディーガードだった。しかし、池田の〝お庭番〟で後藤との連絡係だった山崎正友が池田と対立するようになると、学会は山崎もろとも後藤との関係を断とうとする。それに怒った後藤が当時の公明党委員長の竹入義勝や書記長の矢野絢也に内容証明郵便を出し、さらには池田に会おうと学会本部に乗り込んだ。後藤はこう語る。

「これには池田もビビッただろうな。そりゃそうだわ、行く先々で〝パン〟って音がするんだから(笑)。それで慌てて、俺んところに池田の使いのもんが飛んできて、詫びを入れてきたんだ。この人間は山崎と違ってまだ生きてるし、(中略)本人の名誉のためにも「X」とでもしておこうか(笑)。このXが、山崎の後の、俺と学会との〝窓口〟になったわけだ。「陸軍中野学校の出身」とか言って、山崎がいなくなった後はこのXが〝裏〟の仕事を担当してたんだ」

後藤が隠したXを、構成者の西岡は、後藤と密会した藤井富雄だと明かしている。

19 『闘い いまだ終わらず』

山平重樹 著

副題が「現代浪華遊侠伝・川口和秀」。現役ヤクザの組長の話である。川口が『実話時代』に連載した獄中随筆「我・木石にあらず」を素材に東海テレビによって『ヤクザと憲法』というドキュメンタリー映画が作られた。顔を出して自らを撮らせることはけっしてプラスにはならないのに、川口はなぜ、それを許可したのか？

私との対談で川口は、われわれに対しては差別があっても致し方ないと思っているが、ヤクザの子どもは幼稚園に来てくれるな、というのは間違っている。そう訴えたくて撮ることを承知したと語った。反社会的勢力と言うのだという。ヤクザ(暴力団)のことである。私などからは、安倍(晋三)政権や菅(義偉)政権のほうがよほど〝反社会的勢力〟に見えるが、世間の人はそうは見ないのだろう。

『突破者』(新潮文庫)を書いた宮崎学が、ヤクザがいない国が世界に一つだけある、と言っていた。北朝鮮である。あの国はトップがヤクザだからというオチがつく。

一九九一年に暴力団対策法(暴対法)が制定され、その後、相次いで暴力団排除条例(暴排条例)が施行された。しかし、私は田原総一朗や西部邁らと反対の記者会見をしたが、暴対法や暴排条例はそもそも、法律の原則に反するものだった。法律は何かをやったら罰するわけで、行為を対象とするが、暴対法や暴排条例はヤクザであるという〝身分〟を対象としている。ヤクザでない人も殺人や詐欺等の悪いことをすることがある。それを罰するのが法律なのに、行為ではなく〝身分〟を罰しようとするから、さまざまなひずみが出てくる。

『ヤクザと憲法』を作った東海テレビ取材班の監督、土方宏史はこう憤慨する。

「暴力団員は銀行口座を作れないんですよ。暴力団員の子どもだからと、幼稚園を追い出されることも起きているようです。これって変じゃないですか」

いろいろ困ることもあるだろうに、すべてをオープンにすることを承諾した〝主演〟の川口(二代目東組二代目清勇会会長)は、「私たちは、ヤクザの存在を肯定しませんよ」という土方の言葉に、「それはそうや。私もいないほうがいいと思います。それでええです」と応じている。

実に刺激的な川口の人生だが、大阪は新世界のホルモン屋の女主人はこう語る。

「(ヤクザは)「元気してるか」って覗きにきてくれたり守ってくれる。警察はなに守ってくれるの？　なんか事件あって、警察署に電話しても誰も来いへんで。小遣い取りに来よるだけや。自分らは悪いことしよってヤクザは追放。おかしいやろ。なあ、この新世界という街いうんはやっぱり極道が守ってくれたんや」

彼女のこの言葉を誰が否定できるのか。

20 『田中清玄自伝』

田中清玄 著

田中はこの『自伝』で、かつては共産党員だったが、現在は右翼かと問われて、「右翼。本物の右翼です。あんた、なんだと聞かれたら、今でも右翼だとはっきり言いますよ。右翼の元祖のようにいわれる頭山満と、左翼の家元のようにいわれる中江兆民が、個人的には実に深い親交を結んだことをご存じですか。一つの思想、根源を極めると、立場を越えて、響き合うものが生まれるんです」と答えている。

会津出身を誇りにしながらも西郷隆盛を敬慕する田中は、西郷を祀っていない靖国神社についてこう語る。

「靖国神社というのは、そもそも由来をたどれば、招魂社と呼ばれて長州など各藩のお社だった。いうなれば長州の護国神社のような存在ですよ。それを大村益次郎(村田蔵六)が東京・九段に勧請し、一般の神社が内務省管理下にあったのとは違い、陸軍省や海軍省が管理していた。したがって長州藩の守り神にすぎないものを、全国民に拝ませているようなものなんだ。ましてや皇室とは何の関係もない。俺のような会津藩の人間にとっては、何が靖国神社だぐらいなもんですよ。しかもどれぐらいこの勢力が、今も日本を軍国主義化するために動き回っていることか」

だから、明仁天皇は即位以来、一度も靖国神社に行っていないと田中は言い、昭和天皇も敗戦直後に一度行っただけで、その後は行っていない、と続ける。田中によれば、昭和天皇の重臣たちを殺し、「陛下の政権を倒して、その平和政策を粉砕しようとした連中を神に祀るという」非常識なことを靖国神社はやった。

学生時代に共産党員になった田中を恥じ、母親は次のような遺書を残して自殺した。

「お前のような共産主義者を出して、神にあいすまない。お国のみなさんと先祖に対して、自分は責任がある。また早く死んだお前の父親に対しても責任がある。自分は死をもって諫める。お前はよき日本人になってくれ。私の死を空しくするな」

この母親の血を受け継いだ熱血漢の田中は、その後、転向して「本物の右翼」になった。そして、他の右翼にも一流の毒舌を吐く。たとえば、鄧小平が日本に来た時、陛下に会うのなら、その前に靖国神社にお参りせよ、と言った右翼も次のように叩かれる。

「陛下が訪中されて鄧小平さんに会う前に、四川省か山西省か、どこか田舎のお寺をお参りしてこい。そうでなければ会わさないと、まったく逆のことを言われたら、日本人はどう思いますか。それとおんなじことだ。これほど陛下をないがしろにする話はないじゃないか。これで何が皇室崇拝だ。嘘とごまかし、それに時間をかけてもみ消すことだけだ。なぜ政府や官僚どもは、こんなことを放置しておくのですか」

21 『突破者』

宮崎　学著

一九九六年秋に南風社から出たこの本にはコーフンした。著者が私と同年ということもあったかもしれない。それで、『週刊読書人』のその年の三冊の筆頭に挙げ、こんなコメントをつけた。

「厚さといい、内容の濃さといい、今年最高の収穫。ヤクザの家に生まれ、早稲田に進んで学生運動に身を投じた活劇のハラハラドキドキもさることながら、解体屋となって体験したゼネコンの殿様ぶりなども貴重なドキュメントである。グリコ・森永事件のキツネ目の男として犯人視されたらしいが、読めば読むほど、図星なのではないかと思えてくる」

その後まもなく、著者と私は東京大学駒場寮の解体に反対する集会で対談することになり、いろいろと関係を深めていった。その集会で東大生から「サタカさんはどうしてそんなに官僚に逆らうんですか」と質問され、「向こうが逆らっているんだ」と答えたが、こうした主客転倒を著者はさまざまな形で引っくり返していると言える。

著者は独特の嗅覚を持っている。そして、臭いを消すようにヤクザを追放しようとする政治家や官僚に抵抗する。

「世界に一つだけ、ヤクザのいない国がある。それは北朝鮮だ」

これほどわかりやすい批判もないだろう。

著者の出版記念会では、怪しい雰囲気の人がたくさんいた。著者自身が怪しさいっぱいの怪友だが、「他人に迷惑をかけてはいけない」という道徳だか説教について、困った時とかに迷惑をかけるのが友だちというものだろうと反駁しているのには、虚を突かれた。たしかに、そうである。「友人に迷惑をかけてはいけない」などと言われたら、著者は生きてこられなかったからでもあろうが、著者はこれからも副作用をまきちらして生きていくのだろう。

あれは盗聴法反対の運動を進めていた時だったか、あるいは都知事だった石原慎太郎の「三国人」発言にノーを言う運動だったか、音頭を取る辛淑玉に右筋からイヤガラセがひどくなり、著者がボディーガードをつけた。その男と辛は結婚することになるわけだが、それで私は冗談まじりに「オレにはつけてくれないのか」と言ったら、著者は、「サタカがやられたら、弔い合戦がやれるからつけない」と、しれっとして返した。

著者と私の共著がある。題して『中坊公平的正義とは』(社会思想社)。中坊株が急上昇し、首相候補にも擬せられていたころから、一貫して著者はそのいかがわしさを批判していたが、私はいささか甘くて対談本などを出してしまった。その間、著者は『地獄への道はアホな正義で埋まっとる』(太田出版)と、決して中坊を認めようとしなかった。

22 『おそめ』

石井妙子 著

「銀座の文壇バーといったら、昔は「おそめ」という店があって。ママは、生粋の京女で月見草のような人でした。当時、もう一軒、「エスポワール」という店があってね、こちらは川辺さんという人がママでした。この人は、向日葵みたいな人、豪快で押し出しがよくて。おそめさんと川辺のママは好敵手で張り合ってね。ふたりをモデルにして書かれたのが『夜の蝶』……」（事情通）

川口松太郎が書いた『夜の蝶』は映画化もされ、おそめは京都と銀座を飛行機で往復する〝空飛ぶマダム〟とも呼ばれた。本名が上羽《うえば》秀《ひで》のそのひとの人生を見事にまとめた著者は、「最初は本を書きたいという野心があったわけではなく、単純におそめさんに会いたくて行ってたんです。祖母くらい年上の女性と向き合えるだけで嬉しいというところもありましたし」と語る。「口の重い」おそめが話し始めたのは著者がガツガツした感じではなかったからだろう。

「ものすごくやり手のママなのかな」と思っていたら、まったく正反対の「清楚というか、透き通っているというか。水商売の人という感じはないんですよね。でも、家庭の中だけにいたという人とも違う、独特の雰囲気があって。まるで絵巻物から抜け出たような感じの、不思議な人だなあ」と著者は思った。

その素敵さに魅了されて通い続け、五年かかって本にまとめることができた。

五七年間添い遂げた内縁の夫が俊藤浩滋。女優の富司純子の父親である。『仁義なき戦い』のプロデューサーで、そういう世界にも顔がきくことから、こわもての男を想像する人が多いと思うが、著者によれば「とっても繊細で女性的な方だった」とか。

「おそめさんが生活費を稼ぐためにバーに働きに行くわけですが、雨が降ると、番傘をさして懐におそめさんの雨用の下駄を入れて、迎えに行く。おそめさんが店から出て来るのを電信柱の陰でずっと待ち続けて、一緒に帰る。そういうことのできる男の人なんです」

私は菅原文太から俊藤の話を聞いた。文太が演じた広能昌三のモデルと一緒に撮影現場に来て、ずっと立って見ている。スタッフが椅子を持って行っても、決して座らなかった。注文なんて一言もなかったという。

川端康成、小津安二郎、大佛次郎らがひいきにした伝説のバーのママの人生は、この本のオビにある如く、まさに「隠れた昭和史」である。東女で鉄火肌、背が高くて顔立ちも派手だった川辺るみ子に対し、おそめははんなりとした京女。

「対照的だからこそ、お客さんたちは面白かったと思うんですよね」と著者は語る。

23 『許永中』

森 功著

「昼の光に夜の闇の深さがわかるものか」と言ったのはニーチェだった。闇が光を呼ぶのではなく、光が闇を呼ぶのである。いや、光が闇であり、闇があってこそ光って見える——こんな禅問答めいたことを言いたくなるほど、許永中は日本の政財界の〝光〟と共に生きてきた。

許はイトマン事件で逮捕されることになったが、金丸信、竹下登、磯田一郎(住友銀行頭取)、宅見勝(山口組NO2)、そして亀井静香と、親しんだ表と裏の人脈は奥深い。許は好きな映画のひとつに『砂の器』を挙げるといったエピソードもちりばめながら、その軌跡を追うこのドキュメントは、東京拘置所にいる許から著者が抗議の内容証明便をもらう場面から始まる。副題は「日本の闇を背負い続けた男」だが、それゆえにというか、それだけに「日本で最も恐れられた男」でもあった。

その許と親しく、「闇社会の守護神」と呼ばれた弁護士の田中森一と会って、私はこう言われた。『週刊金曜日』二〇〇八年三月二一日号掲載のインタビューにおいてである。

「佐高さんも、永中に会ってみてください。面白い人物ですよよ。出所したら、またいろいろやるはずですから」

『許永中』

永中とは言うまでもなく許永中であり、その後を追うように〝入所〟した田中とは極めて親しい間柄らしい。そもそも敏腕検事だった田中が、なぜ検事をやめて、闇の世界の住人たちとつきあうようになったか。一九八六年から八七年にかけての三菱重工株式転換社債事件が、検事としての田中の屈折点だった。ここで田中は追及しきれずに挫折するのである。三菱については田中は私にこんなことを暴露した。三菱地所が所有する大阪の帝国ホテルのタワー棟の上から三階分を許永中が譲渡されていたという。不祥事のあった三菱グループの某社の株主総会を山口組が仕切るよう動いたことへのご褒美ではないかと田中は推測していた。

一貫して「日本の闇」を暴くことにこだわってきた森功は『悪だくみ』(文藝春秋)も書いた。言うまでもなく、安倍晋三夫人が安倍と加計学園の加計孝太郎らが一緒の写真を撮り、「男たちの悪だくみ」と名づけたことに由来する。安倍の友人の記者であれば女性をレイプしても逮捕されなかったりして、安倍の権力の私物化は底が抜けた感じさえしたが、森友学園と加計学園の問題はまさに一線も二線も越えている。

許永中と安倍晋三のどちらが、ヨリ悪なのか？　そんな問いさえ発したくなってしまう。

24 『「疑惑」は晴れようとも』

河野義行 著

河野義行を松本サリン事件の犯人と、一度でも思ってしまった国民と、警察と組んで犯人にしてしまったマスコミの人間は何度でもこの本を読まなければならない。自らもその被害に遭いながら、河野は私に、かつての自分とオウム真理教の人たちは同じ状況にある、と語った。

『世界』の対談のために松本の河野宅を訪ねた。二〇〇〇年の二月中旬である。住民票の受け付けの拒否にしても、子どもの就学拒否にしても、明らかな法律違反なのに、オウムには何をやってもいい、オウムは何をされてもしようがない、という〝社会の風〟が吹いていた。しかし、「守ってこそ法」なのだと河野は強調した。「オウムは出て行け」という声に、法律的根拠はない。河野やその家族も、「松本から出て行け」とか、「犯人だと早く認めろ」等の嫌がらせの電話を受けた。

「もしお父さんが逮捕されても、恥ずかしいことは何もしてないいんだから、堂々と胸を張っていけばいい」と河野は三人の子どもに言ったという。

救いは、河野が勤めていた会社の人たちが推定無罪を通したことだった。

「そうなんです。会社の顧客から抗議が入ったりするなかで社長は、支店長クラスをみんな集めて、まだ何もわかっていないじゃないか、あまり騒ぐなと諭しているのです。私に対しては、(病後)いつでも職場復帰してくださいというスタンスです。あの事件は六月に起こりました。そこで私は入院したわけですから、一二月のボーナスは本来出ないはずなのです。それもちゃんと出してくれたのです。また、親会社の上層部が、カンパ運動という形で、全国の関連会社に声をかけて、二四〇～二五〇万円集めてくれて、何かの足しにしてくれということでした。私を知っている人、私と直接関わりのある人は、離れることもないし、私の言っていることを信じてくれているのです。しかし、私の直接接している人なんていうのは、日本の人口からすれば、米粒一つにもならないぐらいの数ですね。一方でマスコミ報道を通じて、日本の圧倒的多数の人たちが、私を犯人と思ってしまったのです」

私が編んだ『日本国憲法の逆襲』(岩波書店)からの引用だが、私は河野のことをこう書いた。

「河野さんは当時、サリン被害の治療の一環として、医師から睡眠薬をもらっていた。そして、不当逮捕を覚悟してから、これを少しずつため続け、起訴に至るまでの最長二三日間をきちんと薬を飲んで耐えられるよう準備をした」

河野は、当時、国家公安委員長だった野中広務と会う時、野中の目の前に二三日分の睡眠薬をぶちまけようと思っていたという。自分はそれほど追いつめられていたと抗議するためである。しかし、野中が警察の思い込み捜査を率直に謝ったので、そうはしなかった。

25 『麻原彰晃の誕生』

髙山文彦 著

一九五五年三月二日、熊本に生まれた麻原彰晃こと松本智津夫は、そのとき四一歳だった。私は五一歳で、手をのばせば届く距離にいる麻原の後ろ姿を見ていた。オウム真理教に破壊活動防止法(破防法)を適用するかどうかをめぐって東京拘置所内で弁明手続きの会が開かれたのは一九九六年五月一五日である。いまから二〇年以上前、私は適用に反対するオウム真理教の教祖、麻原の委任を受けた立会人として、その場にいた。

前列には芳永克彦らの弁護士がすわっている。検事と裁判官の役を兼ねる公安調査庁の人間の問いに対して、教義を体系的に説く麻原の声および姿には重みと迫力があった。「なるほど。受験エリートたちが惹かれるはずだな」と思った。

私自身は宗教に吸引されることはないが、オウムもまた、この日本社会が生み出したものであり、それを隔離したり、排除したりして問題が解決するわけではない。麻原を悪魔呼ばわりして、オウム的なるものがなくなるわけではないのである。麻原が若き日に弟子入りしようとして断られた西山祥雲に、麻原は泣きながら、こう訴えたという。

「私は矛盾のなかで生まれ、矛盾のなかで育ってきたような男です。これからも私は、矛盾という雪の上を、矛盾という橇で滑っていくしかないと思っています。私はどうなってもいい。まちがっているかもしれませんが、それでも私はいいです」

著者は「はじめに」に「やがて盲目となる運命を背負ってこの世に生まれた赤ん坊が、どのようにして人類史上まれに見る狂気の教団をつくりあげたか」をたどったと記す。そして「父性喪失の時代の若者たち」を修行という形で惹きつけていったオウム真理教の教祖を解析するのである。

「血のイニシエーション」とか、「ポア」とか、当時、独特のコトバが氾濫した。教団内には「大蔵省」や「防衛庁」、そして「諜報省」などがあり、「国家」を形成しようとしていた。

諜報省のトップであり、麻原の側近だった井上嘉浩がシンガーソングライターの尾崎豊を模してつくったこんな詩がある。

救われないぜ／これがおれたちの明日ならば／逃げだしたいぜ／金と欲だけがある

このきたない／人波の群れから／夜行列車にのって

髙山文彦は不幸を書くノンフィクション作家である。声価を高めたのは「北条民雄の生涯」を追った『火花』(角川文庫)でだった。学生時代に髙山は北条の『いのちの初夜』を読み、衝撃を受ける。北条はハンセン病に罹り、若くして亡くなった作家である。その〝生命だけがびくびく〟するような作品は、思想で頭でっかちになっていた髙山を震撼させたという。

26 『A』

森　達也著

オウム真理教の教祖、麻原彰晃以下、幹部も一斉に処刑されて、問題はすべて終わったかのように考えている人が多い。

オウム事件の最大の問題は、信者が極めて〝普通の人〟だったことである。それを、しかし、多くの日本人は「異常な人」として片づけようとした。ドキュメンタリー作家の森はオウムの広報担当だった荒木浩に焦点を当て、オウムの側から見ると、この日本はどんな歪みを持っているのかを力まずに描いていく。

「あなたたち現役の信者たちの現在を、とにかく既成の形容詞や過剰な演出を排除して、ドキュメンタリーとして捉えたい」と訴える森に、荒木は「……もしかしたら森さんは、信頼できる人なのかなという印象を私は持っています」と答える。なぜと尋ねる森に荒木は「マスコミの方は皆、電話かせいぜいFAXです。森さんのように何度も手紙をくれた方は他にいませんでした」と続けた。

実際にオウムで修行を積みながら体験取材をやった大泉実成は『麻原彰晃を信じる人びと』(洋泉社)に、「現在のオウムは、ちょうど頭を山刀でぶった切られた毒蛇のようなもの」だと書いた。麻原が捕えられた後である。

「毒のある頭は檻の中に隔離され、残された胴体は腐りはじめながらうねうね動き、そこに警察とマスコミがまるで死体に群がるハエやアリのようにびっしりとたかっている」

このオウムに破防法を適用するのに反対した私は、闘いをまとめた『オウム「破防法」事件の記録』(社会思想社)に寄せた一文をこう書き出した。

「一九九六年一月一八日、第一回の弁明手続きが開かれた会場に入る私の顔写真が当日の夕刊に出ているが、われながら、驚くほどに険しい顔をしている。よほど緊張していたのだろう。カメラの放列をくぐっていく時に、これではっきりと少数派になったことを覚悟しなければ、と思っていた。これまでも、少数派の自覚をもってマスコミの中で生きてきたつもりだが、世の集中砲火を浴びている〝オウムの味方〟としての少数派である」

実際、自宅に「お前は殺人集団の味方をするのか」という電話がかかってきたりした。いま、振り返ると、ほぼ同じころに住宅金融専門会社の、いわゆる住専問題がマスコミを賑わしており、それについて税金拠出反対の論陣を張った私に、世間はとまどったようだった。

「サタカさん、住専には反対してくださいね。しかし、どうしてオウムの味方をするんですか」と面と向かって言われたこともある。

いずれにせよ、オウムはこの日本の社会が生んだものであることを忘れてはならない。

27 『創価学会秘史』

高橋篤史 著

オウム真理教の麻原彰晃が逮捕される前、「私にはこれまで影響を与えてくれた偉大な人が三人いる。一人は毛沢東、もう一人がダライ・ラマ。そして三人目が石原慎太郎だ」と語ったという。二〇〇一年の春、後出しジャンケンの都知事選立候補を伝える外国人記者相手の会見で、このエピソードを披露したのは石原自身だった。

麻原は池田大作をポアしようとしているとも言われたが、この本は創価学会が「反戦・平和の団体」であり、その伝統を持っているという〝神話〟を引っくり返す衝撃の書である。著者は創価学会がひた隠す戦前・戦中の機関紙誌『新教』と『価値創造』を発掘し、特高警察と蜜月関係にあった事実を突きつける。

一九三三年に起きた「長野県小学校教員赤化事件」で多くの教師たちが逮捕され、投獄された。そのほとんどが転向して、心に深い傷を負う。彼らを、創価学会の前身である創価教育学会は特高の元締めである内務省警保局と緊密に連絡を取りながら折伏する。初代会長の牧口常三郎は赤化青年のひとりにこう問いかけた。

「君はマルクス主義によって世の中が救えると考えているそうだね。わしは法華経の修行者です。法華経によって世を救おうと思っています。法華経が勝つか、マルクス主義が勝つか、大いに議論しよう。もしマルクス主義が勝ったらわしは君の弟子になろう。もし法華経が勝ったら、君はわしの弟子となって、世のためにつくしましょう」

そして議論を重ね、日蓮正宗に入信させた。

『価値創造』ではヒトラーの『我が闘争』を否定的ではなく、肯定的に紹介している。では、なぜ牧口は治安維持法違反・不敬罪で逮捕され、獄死しなければならなかったのか？　それは国家神道ではなく日蓮正宗こそが唯一絶対に正しい教えであることを強調するため、「天皇も凡夫だ」と言ったり、「伊勢神宮など拝む必要がない」と訴えたためだった。

だから、牧口は反戦平和の思想を持っていたわけではなく、「それ以前の言動を踏まえると、日本があげて日蓮正宗に帰依しさえすれば戦局がたちまち好転すると、牧口は考えていたのではないか」と著者は指摘する。

また、初期から創価教育学会には実業家が多く集まっていたというのも見逃せない。『価値創造』の創刊号に「損よりは得を、害よりは利を、悪よりは善を、醜よりは美を」と牧口は書いて、いわば現世利益主義宣言をしている。それを受けて実業家グループのひとりで金融業に携わっていた者が「信仰は事業のバロメーターなり。信仰強盛ならば、即ち事業盛なり」と発言しているのである。いま、自民党と手を結んで政治を腐敗させている芽は発足のころから既にあったのだと言わなければならない。

28 『池田大作「権力者」の構造』

溝口　敦著

テリー伊藤と私の編著の『お笑い創価学会 信じる者は救われない』(光文社)がベストセラーとなったのは二〇〇〇年の夏だった。そこに収録した井田真木子の「池田大作 欲望と被虐の中で」に忌わしい感じを抱いた記憶がある。嫌悪感と言ってもいい。

井田のレポートで、創価学園出身の二世がこう語る。

「うぶな中学生だったら一発で憧れてしまうようなすごい美人の先生なんかがいるわけですよ。そういう先生が、顔面紅潮させて、今日は〝池田先生〟が学校に来て下さいました、みんなでお話を聞きにいきましょう、なんて言う。ぞろぞろと講堂に行くと、〝先生〟はそこでピンポンをしている。なんか変な光景だなとは思いますよ。当然。でも、〝先生〟が一言、暑いなと言うと、クリームソーダがさっと出てきて、〝先生〟は半分ぐらいそれを飲むと、美人の先生にグラスをわたすわけ。そうすると、先生はそれを高々と掲げて、これが〝先生〟のお飲みになったクリームソーダですって叫んでさ、恭しく口をつけるわけ。で、そのあと、ソーダが僕ら全員にまわってくるの。僕は、その美人の先生が口つけたところはこのあたりだったたっけ、なんて思いながら、チュッとか口をつけましたけどね」

『池田大作「権力者」の構造』

暴力団の取材で知られる著者が、創価学会の池田支配の構造に踏み込んだこの本は、その日本支配のもくろみを立体的に明らかにする。

かつて池田は『月刊宝石』の一九六九年一月号でこう発言していた。

「与党なんか夢物語ですよ。……ファッショだとか、なんとかいうのは、アンチ派の恐怖症ですよ。そんなに簡単に議席がとれますか。とんでもない(笑い)。……だいたい私みたいな気の弱いものがファッショの中心になんてなれっこないじゃありませんか。こんな平々凡々な、面倒くさがりやで、体が弱くて、政治が嫌いで、平凡に生きたいという念願できた人間が、そんなことできませんよ、おかしくて」

対談相手の青島幸男が、創価学会が政治に介入し、池田が「王にとって代わる」のではと心配している人もいる、と問いかけたのに答えているのだが、五〇年後の現在、学会が全面支援する公明党は自民党と連立政権を組み、結局は自民党から離れないので、「どこまでもついていきます下駄の雪」と皮肉られている。

これを学会信者と学会に寛容な人たちはどう受けとめるのか。

29 『闇の流れ』

矢野絢也 著

かつて委員長だった著者に公明党とそのバックの創価学会は「身の危険を感じるような威圧」を加えて手帳と資料を引き渡すことを求め、遂にはそれを持ち去った。彼らは何を恐れたのか？

「学会を守る」「池田大作先生を守る」ことを生きる目的として、その先頭に立って活動してきた著者はこのメモに「たとえば、一九七〇年の言論出版妨害事件の顚末、創価学会と共産党の協定、池田大作名誉会長の女性問題を記事にした『月刊ペン』との裁判、本山大石寺との二回にわたる紛争、ルノアール絵画疑惑、捨て金庫事件、国税庁による学会への税務調査の顚末など」を記した。

文庫化にあたっての序章で著者はこう強調している。

「彼らが必死になって奪い取ったメモのかなりの部分は、この本に書かれている。ただ、学会のきわどい暗部については、示唆する程度にとどめておいた。読者諸賢には本編を読んでいただき、彼らが何に脅えているのかを想像していただきたい」

私が著者にインタビューしたのは、二〇〇九年秋だった。それは同年九月一八日号の『週刊金曜日』に掲載されている。そこで著者は、たとえば税務調査についてこう述べた。

「学会は一九九一年と九二年に第一次、第二次国税調査があり、私が大きな役割を果たしているんですが、宿題があるんですよ。「財産目録、寄付リストを出せ」「未整理ですから」というようなやりとりをしました。非課税部門について踏み込まれて、四つ五つ問題点が残った。それから一八年、政権に潜り込んで、それらが宿題として残されたままです。学会は宿題を解決していると思いたいが、政権にいることでいろんな問題に蓋をしているという話を聞いています。だから下野したら、外套や傘なしで雨の中を歩いている気がするのではないでしょうか」

この時の矢野の紹介には、つぎのような記述がある。

『週刊現代』の二〇〇五年八月六日号と一三日号は「矢野極秘メモ　一〇〇冊が持ち去られた！」と題し、公明党の元国会議員三人(黒柳明、伏木和雄、大川清幸の各氏)が、矢野氏が四〇年近く記してきた『黒革の手帖』の引き渡しを強要し、本棚や押し入れ、妻の部屋などを家捜しして奪ったと報じた。この記事で名誉を傷付けられたとして、元議員三人が同年、講談社と矢野氏に賠償などを求めて提訴。この訴訟で、最高裁第三小法廷(田原睦夫裁判長)は九月一日、元議員側の上告を退ける決定を出した。元議員側の請求を棄却し、反訴した矢野氏の主張を認めて元議員側に三〇〇万円の賠償などを命じた二審・東京高裁の逆転判決(二〇〇九年三月)が確定する。一連の経緯は矢野氏の著書『「黒い手帖」裁判全記録』(講談社)に詳しい」

忘れてはならない歴史だろう。

30 『カルト資本主義』

斎藤貴男 著

オカルトは宗教の専売特許ではない。日本の場合は、より多く企業の中に見られる。日本人は宗教心に欠けるといわれるが、〝企業教〟があるのである。

「社宅という名のサティアンもある(サティアンとは、オウム真理教の宗教施設)」と私は皮肉ったが、〝平成の松下幸之助〟といわれて、特に中小企業の経営者に信者を増やしているのが、京セラの稲盛和夫である。著者が指弾した「カルト資本主義」の筆頭が京セラであり、次いで問題なのが、船井総研の船井幸雄。

著者はこの本を書いて稲盛に訴えられた。エラそうなことを言っている割には批判を受け入れる度量もないのである。著者によれば、「稲盛はヒトラーを敬愛してやまない。さすがに公の席や著書の中ではあまり触れないが、身内意識の強い盛和塾の場では、あの殺戮者を一再ならず絶賛していた」という。文春文庫が入手しにくくなったので、二〇一〇年に私との対談を加え、『虚飾の経営者　稲盛和夫』(金曜日)として出した。

その「はじめに」に著者は、稲盛が日本航空の会長になったことを危惧すると書いている。「オウム真理教を連想させるオカルティズムを駆使しては人間を支配していく」稲盛の「経営手法」が異様だからである。そして著者はこう続ける。

「二一世紀も一〇年目を迎えた現在、果たして世界は京セラグループも有力な一角を形成するグローバル・ビジネスの価値観に覆い尽くされようとしている。時流に悪乗りして人間の尊厳や生命を露骨に軽んじた小泉(純一郎)・竹中(平蔵)改革に対する批判がさすがに高まってきた傾向は歓迎できても、それだけにかえって稲盛式の呪術的労務管理が広がらない保証はない。なにしろ国の最高権力者(鳩山由紀夫首相)が、その能力をこそ評価して、ナショナル・フラッグの顔役を託した人物なのだ」

私との対談で著者は稲盛に追い出された体験を語った。取材に同行した編集者が稲盛の「経営者は偉いんだから、自分の哲学を社員に押しつけていい。経営者がなぜ偉いかと言ったら、従業員だけでなく、その家族まで養ってあげている」という発言に怒り、「宗教みたいだ」と反発して雰囲気が悪くなった。それでも著者が質問を続けたら、稲盛は「もう何もあなた方に話すことはない」と言って出て行き、「ちょっと来い!」と当時の盛和塾の事務局長を呼んで、怒鳴ったという。著者と編集者は「かわいそうに」と顔を見合わせたが、多分、「お前、こんな奴らに会わせやがって」と言われたのだろう。

稲盛と中坊公平、そして瀬戸内寂聴による『日本復活』という本で、瀬戸内は批判に対して「三人とも勝手に言え」という態度だと話しているが、少なくとも稲盛はそうではない。

31 『じゃぱゆきさん』

山谷哲夫 著

「日本人はバナナだよ。表面はぼくらと同じ黄色だけど、中身はアメリカ人と同じようにまっ白だ」

日本にやって来たアジア人留学生はこう吐き棄てたという。その欧米志向、イエローヤンキーぶりを批判して彼らは日本人を「バナナ」と呼んだのだが、この呼び方にはもうひとつの意味がある、ズバリ、日本人の「男性自身」である。仮性包茎の多い日本人観光買春客にアジアの娼婦たちは「バナナ」という〝愛称〟をつけたのだった。

「日本の男はええかっこしいだからね、バンコクですぐ女に自分の名刺を渡してしまう。そうすると、その女がさっそく名刺を持って来日し、電話する。日本の男は馬鹿だから、女がわざわざ日本に来るのは自分に惚れているからだと錯覚し、女にのぼせて金を貢いでしまう。そのうちお定まりの家庭争議ですよ」

フィリピンのマニラだけでなく、タイのバンコクでも、その他いろいろなところで、日本の男たちは「バナナ（モンキーバナナともいわれる）」をさらけだしている。あげくの果ては日本に連れて来て、〝快楽〟を貪っているのである。その下で、アジアの女たちは「歯を食いしばって耐え」ていると山谷は書く。

映画監督でもある山谷によれば、フィリピンの新聞は日本のヤクザを「セックスギャング」と紹介しているという。各盛り場には三〇以上のヤクザが経営しているバーやクラブがあり、山口組、住吉連合、稲川会がマニラの暗黒街を支配していると報じ、どれだけ反ヤクザキャンペーンを張っても、お役所が本気で取り締まろうとしないと告発しているとか。

「いろんな国の女が日本で踊っていますが、フィリピンの女が一番ひどいめにあっていますね。本番生板を最後まで拒否して、秘かに殺された女もいるという噂ですよ。我々、古くからの業者は、モグリの連中をまとめて、「マニラ・コネクション」と呼んでいます。でも、その実際のところは噂ばかりで、我々でさえよく知らないんですよ。ヤクザがからむことが多く、後のトラブルがいやだから、みんな黙っているんです」

ストリップ劇場に踊り子を斡旋する芸能プロの社長がこう語っている。ちなみに〝本番生板〟とは舞台の上で〝本番〟することを指す。ヤクザたちは拳銃、麻薬、そして女を日本に密輸して莫大な利益を得る。空港の税関入国管理局、首都警察の一部までがヤクザに抱きこまれており、マニラ・コネクションを形成している。

こうした陰うつな構図の中で、女たちは春をひさぐことを強いられる。もちろん、売春は買春があって成り立つ。アジアに残した日本の男たちの刻印。戦争が終わって、もう七五年にもなるが、アジア侵略の本質は変わっていないように見える。

32 『フィリッピーナを愛した男たち』

久田　恵　著

この作品で大宅壮一ノンフィクション賞を受賞した久田には『サーカス村裏通り』(七つ森書館)という作品がある。四歳の息子を連れ、炊事係としてサーカスのテント村に住み込んだ時の記録である。息子に生命力というか、生活力をつけさせたいと思って、そうしたのだった。その息子、連はある日「かあたん、今日からケンカの練習をするよ」と、母である久田に告げる。そして、激しい取っ組み合いを見ていた久田は、こう書く。

「喧嘩をしながら子どもたちは、互いの生命を響き合わせ、一体感を強めていく。打ちのめされた屈辱感や心地良い勝利感を通してしたたかな現実の手ざわりを身の内に感じとっていく。暴力の何たるかを身体で覚え自分の痛みを通して相手の痛みを理解する回路を手に入れる。少しずつ、喧嘩にもルールがあることを知り、他人との向き合い方を覚えていく」

この息子、稲泉連がのちに大宅賞を受賞するのも、ある種の因縁だろう。

さて、『フィリッピーナを愛した男たち』である。エピローグに久田は、一九七九年に日本へ出稼ぎにきたフィリッピーナが一万人を超え、〝ジャパゆき元年〟と呼ばれたが、それから一〇年たった八九年に日本人男性と正式に結婚したフィリッピーナは一万人を超えることになった、と書いている。そして、この年がおそらく、将来〝ジャパゆき結婚元年〟と呼ばれるようになるだろう、と続けている。

久田は最初、「ジャパゆきさんと呼ばれる出稼ぎのフィリッピーナとニッポンの男の関係を被害者と加害者という固定的な関係の中で捉えることからなかなか自由になれないでいた」という。そんな久田に衝撃を与えたのは、「貧しさの中にある悲惨さというよりは、むしろその貧しさによってしたたかに鍛えあげられたフィリッピン人の強靭さ、底抜けの明るさ」だった。

被害者も生きるのだし、日本の男の中にも加害者だけでなく、日本社会における被害者がいる。かつては大手商社に勤める商社マンだった四三歳の離婚歴のある男、川村哲二は、二〇歳の元ジャパゆきさんのステラと結婚した。その川村がこう告白している。

「始まりは確かにひどかった。それは本当のことだ。僕は彼女の頬っぺたを札束で引っぱいた。彼女も僕の顔が札束に見えていた。けれど、いつの間にか彼女に魅かれ彼女を愛した。子どもも生まれて家族になった。ここから、今までと違う別の何か、新しい何かが生まれてきてもいいはずだ……」

クリスチャンの多いフィリッピーナにとって、赤ん坊は神からのギフトであり、〝生命〟に関わる〝中絶〟は〝売春〟よりはるかに重い罪となるという。そうした中で産み落とされた「フィリピン系日本人」は現在どう生きているだろうか。

33『からゆきさん』

森崎和江 著

抵抗の詩人、金時鐘は森崎和江の『慶州は母の呼び声』(洋泉社)について、「なぜ自分が軍国日本にぞっこんだったかということを、乳母であった恵まれない朝鮮人の婦人と自分とを対比しながら明かしていくくだりは心に深く食い込んだ」と評価している。「やはり詩をやる人だから自分を見られるんだな」と思ったというのである。この作品を選ぼうかなと迷ったが、やはり、文庫の解説で斎藤美奈子が折り紙をつけている『からゆきさん』にした。

森崎は福岡の炭坑街の激しい言葉がとびかう只中にいて、その表現力に重しをつけた。

「話？　きさんの話が信用されるか。きさんのことばが信用さるるか。お前自身が信じられんことばをおれが信じられるか。きさん、そげな魂のぬけたことばで労働者が釣れるち、思うか！　あ？　釣れるか？　きさん、釣った気色でおっとか？　あ？」

これは森崎の『闘いとエロス』(三一書房)に出てくる叫びのような言葉だが、そんな森崎が『からゆきさん』を書くのは必然だったのだろう。言うまでもなく、「じゃぱゆき」より先に「からゆき」があった。日本より異国へ〝働き〟に行く女性を「からゆき」と称した。それは哀しいほどにきれいな呼び方で、「密航婦」「海外醜業婦」という別称の方が現実を表している。

山谷哲夫の『じゃぱゆきさん』によれば、欧米列強のアジア進出は「まず宣教師、続いてドラム缶(石油会社)、その後に海兵隊」という順で行われたが、〝後進国〟の日本の場合は「最初に娘子軍(からゆきさん)、次いで富山の薬売り、最後に兵隊さん」の順だった。からゆきは、明治前期の日本においては、生糸や茶、それに石炭と並ぶ重要な〝輸出品〟だったのである。

山谷はこう書く。

「フィリピンのような開発途上国にとって、じゃぱゆきさんは明治日本におけるからゆきさんと同じく、貴重な外貨の稼ぎ手だが、経済成長が順調に進み、中進国の仲間入りをするようになると、それを「国の恥」として否定して、やがて抹殺するようになる」

森崎は、たとえば、あるからゆきさんの、「日本の男より西洋人の男のほうがよっぽどおなごにやさしかばい、わたしらがすかんということは、むりにゃせんもん」という回想を書きとめる。一方、からゆきたちは、日本が征服し虐待した朝鮮の男たちから、次のような仕打ちを受けなければならなかった。家や土地を売り、何人かで娼楼にやってきた彼らは買ったからには言うことを聞けと、からゆきを囲んで座を立たせず、酒を飲ませて小用に立つことも許さなかった。「何がつらいといっても、四、五人の客のなかで堪えきれずにおしっこを洩らすのを、笑って眺められること」ほどつらいことはなかった。

日本人が朝鮮人を追い込んだがゆえに、からゆきはそんな目にも遭わなければならなかった。

34 『エビと日本人』　村井吉敬 著

一九八八年春に『エビと日本人』を出してから、ほぼ二〇年後に、この『II』が出された。変化は一九九七年にエビ輸入がアメリカに抜かれて日本が二位になったことである。ちなみに、一九八五年のエビ輸入ベスト5は、日本、アメリカ、デンマーク、香港、フランスで、二〇〇四年がアメリカ、日本、スペイン、デンマーク、フランス。しかし、問題の構造は変わっていない。残念ながら先年亡くなってしまった村井は「エビをもっと食べたい」という欲望が、「エビの保育園」とも呼ばれるマングローブ林を伐採させ、そこに工場のような養殖池が次々と造られた、と指摘する。

そして、こう問いかけるのである。

「マングローブ林周辺に住む人びとは、本来、その豊かな森とともに生き、森を枕にして安眠してきた。(スマトラ島沖地震・津波の)被災者は無力でかわいそうな人なのではない。彼らを無力化した力や、一部の人びとの欲望こそが、問われているのではないか」

村井は前著で「北は食べる人、南は獲る人」の構造は変わっていないとし、一九八六年の時点での日本のエビ輸入国ベスト10を挙げている。それによれば、台湾を筆頭に、インド、インドネシア、中国、グリーンランド、オーストラリア、ベトナム、タイ、フィリピン、バングラデシュである。そして『II』では、養殖池で働く日雇い労働者に始まって末端消費者に至るまでの一四段階を挙げる。

日雇い労働者――池の管理人――スーパーバイザー――池主――集買人――工場労働者――工場長――パッカー(加工・輸出業者)――(輸出)――商社・大手水産会社――荷受(一次問屋)――仲卸(二次問屋)――鮮魚店・スーパー――消費者

こう並べた上で、村井は「わたしたちに背ワタ労働者は見えない。池の日雇い労働者も見えない。しかし食べることに躊躇はない。生産者と消費者に、どんな関係が切り結ばれるべきなのか。サクランボ農家、リンゴ農家は、自分たちの食べるものに農薬をかけないというが本当なんだろうか?」と問うている。

アメリカに抜かれたとは言っても、日本は世界第二位のエビ輸入国だが、やはり「食べ過ぎ」ではないかとして、村井は三つの問題を指摘する。

まず第一に、養殖エビは環境にやさしくない。人工飼料は他の魚を成分にしていて、環境上も資源上もよくない。第二に、安全な食べものかどうかについて、はっきり「イエス」とは言えない面があるということである。そして第三に、輸入に依存しすぎている。

村井は「食料はすべて自給すべしという立場には立たないが、食べものはなるべく身近で生産し、土に返すべきは返したほうが良いと考える」と言っているが、その通りなのではないか。

35 『バナナと日本人』

鶴見良行 著

村井吉敬は『エビと日本人II』(岩波新書)の「あとがき」に、一九八二年に発足した「エビ研究会」のことを書いている。鶴見良行や内海愛子らと始めた研究会であり、エビを求めて東南アジアやオーストラリアに何度も密度の濃い調査旅行をしたという。その過程で鶴見の生き方や調査ノートのつけ方を見て、多くのことを学んだ。「鶴見なくば本書はない」のだが、その鶴見は一九九四年冬に亡くなった。

一九八二年に刊行された『バナナと日本人』はいまも読まれるロングセラーとなっており、惹句には「安くて甘いバナナも、ひと皮むけば、……日本と東南アジアの歪んだ関係が鮮やかに浮かび上がってくる」とある。バナナはかつては台湾やエクアドルからの輸入がほとんどだった。しかし、一九六〇年代末にフィリピンのミンダナオ島に日本市場向けの専用農園が開発されて、圧倒的にフィリピンのものが多くなる。

「大きく福々しくバナナが実ったとき、農民は豊作を喜んだと考えやすいが、事態はかならずしもそうならなかった。〝豊作貧乏〟といわれて、日本でもその関係は野菜農家について知られている。企業は、豊作になったら廃棄率が低くなる、バナナを高く買う、と教えておいて、実際にはそうしなかった」

「なぜか」と問うて、鶴見はその理由を構造的に明らかにしていく。

「フィリピン農園と食卓のあいだ」が副題のこの本には、農園は日本の米軍基地に似ているという印象を持ったとの記述もある。

「農園は有刺鉄線のフェンスで囲まれているし、ゲートにはライフルを持ったガード(私兵)がいて、労働者の胸につけられたカラー写真の身分証明書をチェックしている。滑走路があり小型の単葉機、複葉機が並んでいる。裏の広場には、カーキ色に塗った大型のトラクターやパワーシャベルが整列していた。それはほとんど戦車にも等しい威圧感がある」

鶴見作品では、どうしても『ナマコの眼』(ちくま学芸文庫)にも触れておきたい。

「かつて(一八〇七年にアメリカ第三代大統領ジェファソンが)出港禁止令を発令する以前、アメリカ船は、ツバメノス、ホシナマコ、カメノコウなど、中国市場向けの特産品を求めて、セラム島、ゴラム島、セラムラウト島などモルッカ東方の諸島に出没した」

フィジーに五〇〇〇丁以上の銃が渡ったのは一八二八年から三五年の間だというが、「大量の火器の流入は、部落間の権力バランスを崩し」、すさまじい争いが起こった。「ナマコに恵まれなかった村は、漁場の村に富が流入し自分たちを威圧する銃が集まるのを嫉んで、加工場を焼討ちしたりした」という。寺田寅彦に「人間の海鼠《なまこ》となりて冬籠る」という句がある。

36 『知事抹殺』

佐藤栄佐久 著

副題が「つくられた福島県汚職事件」だが、国は原発推進のためなら、自民党の参議院議員を経験した現職の福島県知事までも〝抹殺〟する。

これは「私はなぜ殺されたか」を語る無念の記録である。

著者の佐藤について、自民党を出て新党さきがけをつくった田中秀征が『世界』の二〇一一年七月号で「かつて国会に在職していた頃、私は彼と自民党宏池会で行動を共にした。彼は温厚だが正義感が強く、ケレン味のない政治家として定評があった」と書いている。「知事は日本にとってよろしくない。いずれは抹殺する」。佐藤と共謀して収賄したという罪に問われた弟の祐二は、東京地検特捜部検事の森本宏にこう脅された。祐二はまた、やはり森本に、「中学生の娘が卒業するまで出さない」と取調室で言われてもいる。

なぜ、佐藤はここまで睨まれたのか？

それは、あまりに安全を無視した国の原子力(発電)政策に、佐藤が「待った」をかけたからだった。そもそも原発に反対ではなかった佐藤が、東京電力の「たび重なるデータ捏造」に業を煮やし、「原子力政策は、もう国や電力会社だけに任せてはおけない」と思うようになる。原子力安全・保安院は内部告発を無視してきただけでなく、その告発者を東京電力に知らせていたことがわかったからだ。「国と電力会社は、同じ穴のムジナ」だと確信した佐藤は、中でも、〝奥に隠れて出て来ないほうのムジナ〟である国を主敵に据える。

「われわれの国への不信は、まさに臨界点まで来た。経済産業省の中に、プルサーマルを推進する資源エネルギー庁と、安全を司る原子力安全・保安院が同居している。これまでわれわれは国に対し、〝警官と泥棒が一緒になっている〟ような、こうした体質を変えてくれと言い続けてきた。それに対して原子力委員会は、事務局である経産省の役人の書いたゼロ回答を送ってよこした。ここに問題の原因のすべてが凝縮されている」

東電福島第一原発の大事故が起こるのは二〇一一年三月一一日である。まさに佐藤はそれが起きるのを予想したような戦いをしていた。収賄に問われた事件での二〇〇八年の東京地裁の判決は〝実質無罪〟の、検察にとって厳しい判決であり、国策逮捕だったことが明らかになった。これについて佐藤は「マスメディアも共犯」と指弾している。

私は『原発文化人50人斬り』(光文社知恵の森文庫)を書いたが、それは『東京新聞』の「大波小波」欄で「電力会社が、札束でひっぱたくようにして文化人や学者、タレントたちを取り込んでいったことはよく知られている。莫大な金が動いたことは周知の事実である。その金に群がった五〇人の文化人やタレントが、本書でははっきり実名で挙げられている」と称賛された。

37 『市民科学者として生きる』

高木仁三郎 著

大学を出るとすぐ、日本原子力事業株式会社に就職したことでわかるように、高木は最初からの反原発派ではなかった。自ら記す如く、〝遅れてやって来た反原発派〟だった。それだけに推進側の心理もわかり、冷静に論議しようとする。宮沢賢治が好きな高木は賢治の『農民芸術概論綱要』の一節の「職業芸術家は一度亡びねばならぬ」の「職業芸術家」を「職業科学者」に置き換えて、「職業科学者は一度亡びねばならぬ」と口ずさむ。そして、「市民科学者」に生まれかわらなければならないと決意する。

高木は東日本大震災によって東電福島第一原発が大事故を起こす前に亡くなったが、「原発は人類と共存できない」と確信して反原発派になった。そんな高木はヨーロッパの人たちから「広島、長崎を経験した日本に原発があるとは思わなかった」とか、「日本のデモなどの報道はまったくされないから、日本に反原発運動があるとは思わなかった」とか、「日本の技術は優秀で、日本の原発は安全上のトラブルはまったくないと聞いていた」とか言われてショックを受ける。しかし、それは東京電力をリーダーとする電気事業連合会(電事連)のメディア統制、世論支配の結果なのである。彼らがいかに原発安全神話を維持するために巨額のカネをバラまいてきたか。

アントニオ猪木の青森県知事選挙応援事件というのがある。猪木の秘書だった佐藤久美子の『議員秘書　捨身の告白』(講談社)によれば、最初、原発一時凍結派の候補から一五〇〇万円で来てほしいと頼まれた猪木はその候補の応援に行くつもりだったが、推進派のバックにいた電事連から一億円を提示され、あわてて一五〇〇万円を返して、そちらに乗り換えたという。

まさに札束で頬を叩くこうしたやり方は、高木のような筋金入りの反対派にさえ試みられた。この本に、ある原子力情報誌の編集長から、三億円を用意してもらったので、エネルギー政策の研究会を主宰してほしいと誘いがあったと書かれている。三億円について高木は「現在だったら一〇〇億円くらいに相当しようか」と注釈をつけている。

アメとムチのムチもある。

高木のパートナーの久仁子が『週刊現代』の二〇一一年五月二一日号で、こう言っている。

「嫌がらせはいろいろありました。注文してもいない品物が自宅に届けられたりするのはしょっちゅう。散歩途中に車に轢かれそうになったことも一度や二度ではありません。自宅の前には不審な人物がいつも張り付いていて、講演に出掛けると、一緒に電車に乗ってくる。いちいち驚いてなんかいられないほどです。こちらは常に緊張していたけど、彼は淡々としていましたね」

高木は反原発のシンボルであり、導きの星だった。

38 『水俣病』

原田正純 著

「公害」という言い方に私は異議を唱えたことがあった。「公害」ではなく、「私害」であり、なかんずく「企業(チッソ)害」ではないか、と。

一九五四年夏、水俣市衛生課に「ネコがてんかんにかかって死んでしまい、ネズミがふえたから何とかしてくれ」という陳情があったという。奇病とされた水俣病の始まりだった。水俣はチッソの企業城下町であり、原田によれば、「殿様」チッソと呼ばれていた。水銀が原因とわかるまでの原田の苦難も相当なものだったが、チッソの中の病院長、細川一への圧力も想像を絶するものだった。原田は書く。

「ことに許されないのは、チッソは、細川院長らの研究によって、工場排水のなかにすでに有機水銀が含まれているという可能性を知ってから、つまりみずからの排水のせいであることを知りながら、一方では反論を出して世論を惑わし、患者たちに不安を与え、そうしておいて補償交渉を、急いでまとめようとしたことである」

人間の生命より会社が大事なのだった。

原田は有機水銀に侵されたカナダの先住民の居留地にも出かけて行った。そして「俺は日本人で、英語が下手だ」と言うと、彼らに「英語の上手なヤツは悪いヤツだ」と返された。お世辞がうまいなと思ったら、そうではなくて、彼らは実際、英語の上手なヤツにだまされつづけてきたのだった。

原田は同じく水俣病を告発した宇井純から「公害は差別のあるところに起こる」と言われたが、水俣病と闘ったために、原田自身が差別を受けた。

国が御用学者と結託して、水俣病は有機水銀が原因ではないと誤魔化しつづけたので、それに逆らった原田は、いくら主任教授が推薦しても国立の熊本大学では教授にはなれなかったのである。「教授会に出なくてすむからいいんですよ」と原田はてらいもなく笑っていたが、世界が注目して称えた原田を教授にはしなかったことで、日本が世界から笑われてきたことを、当時の国やエセ権威者たちはわかっていただろうか。原田はこう「遺言」している。

「医学者の意識、研究者の意識の中に「政治がらみのものは避けたい」という、変な中立主義みたいなものがあるんです。「医学は中立だ」と。それは、AとBの力関係が同じだったら、中立というのは成り立ちますよ。だけど、圧倒的に被害者のほうが弱いんですからね。中立ってことは「ほとんど何もせん」ってことですよね。「何もせん」ってことは結果的に、加害者に加担しているわけです。全然、中立じゃない。権力側に加担している。それこそ政治的じゃないかと思うんだけど。ところが、被害者側に立つと、「政治的だ」と言われる。逆ですよね」

39 『苦海浄土』

石牟礼道子 著

一九六九年一月刊の『苦海浄土──わが水俣病』は、それを読んだ一人の人間のその後の人生を変えた。リクルートで就職情報誌の編集などをやっていた栗崎ゆたかがこれを読み、涙がとまらなくて即座に辞表を書き、会社をやめてしまったのである。

水俣病の原因となった水銀をタレ流していたのはチッソだが、リクルートのスポンサーの中にチッソがあり、その人材募集要項では「バラ色の未来」を謳っていたからである。もちろん、水俣病のミの字もなかった。それで栗崎は、水俣病で倒れた人たちが自分の前に立ったら何が言えるかと考え、いたたまれなくなって辞表を書いた。

一九六八年秋、第一号患者が発生して一五年目に政府がようやく水俣病を「公害病」と認定したが、そのときまでに熊本県の水俣病患者は死者四二人、患者六九人(うち胎児性水俣病患者二〇人)に達していた。補償交渉の中で、患者は次のような呪詛の言葉を吐く。

「銭は一銭もいらん。そのかわり、会社のえらか衆の、上から順々に、水銀母液ば飲んでもらおう。(一九六八年五月にいたり、チッソはアセトアルデヒド生産を中止、それに伴う有機水銀廃液一〇〇トンを韓国に輸出しようとして、ドラムカンにつめたところを第一組合にキャッチされ、ストップをかけられた。以後第一組合の監視のもとに、その罪業の象徴として存在しているドラムカンの有機水銀母液を指す)上から順々に(中略)六九人、水俣病になってもらう。あと一〇〇人ぐらい潜在患者になってもらう。それでよか」

およそ病気とは無縁なほど健康な漁師とその家族に、魚や貝の中で生体凝縮された水銀が襲いかかった。中枢神経を侵されて狂死した娘さつきを、その母はこう語る。

「おとろしか。おもいだそうごたなか。人間じゃなかごたる死に方したばい、さつきは」

とりわけ胸に迫ってくるのは第三章の「ゆき女きき書」である。

「うちは、こげん体になってしもうてから、いっそうじいちゃん(夫のこと)がもぞか(いとしい)とばい」と震える口で言うゆきは、「嫁に来て三年もたたんうちに、こげん奇病になってしもた。残念か。うちはひとりじゃ前も合わせきらん。手も体も、いつもこげんふるいよるでっしょが。自分の頭がいいつけんとに、ひとりでふるうとじゃもん」と訴える。

「うちは、もういっぺん、元の体になろうごたるばい。親さまに、働いて食えといただいた体じゃもね」という彼女のかなわぬ願いを読者はどう受けとめればいいのか。

『苦海浄土』は第一回の大宅壮一ノンフィクション賞に推されたが、石牟礼はそれを辞退した。患者さんのことを書いて受賞するのは何とも辛い、からである。

40　『下下戦記』

吉田 司著

宮沢賢治が苦手である。それだけに賢治を世に出すのに深く関わった吉田コトの息子、司の『宮澤賢治殺人事件』(文春文庫)は、賢治の聖者伝説を破壊して痛快だった。吉田司は賢治の「位置」を問うて、こう書く。

「彼は、悲惨な農民(小作人)を救おうとして篤農(地主)集団と手を結ぶというトンチンカンをやらかす。町の〝良《え》え所《とこ》の坊ちゃん〟育ちだから、地主と小作の階級対立の厳しさがド〜シテモ骨身に染みないのだ。むしろ明日なき絶望のために酒を飲んではクダを巻く荒廃農民や小作人の〝堕落と腐敗〟への嫌悪と恐怖で、足が一歩も花巻の村々の奥に進まない」

それはそれで致し方ないとも私は思うが、耐えられないのは、吉田も指摘する〝正しさ〟臭である。吉田は追撃する。

「宮澤賢治の文学は〝深さ〟から逃げる文学だ。誰にも反論しようのない、わかり易い〝正しさ〟だが、底が〝浅い〟。その〝浅さ〟がバレないように、乱反射して深く見えるように、賢治は死の直前まで何度も〳〵昔の原稿を引っ張り出しては手直しや書き換えや、一字一字の語句の配置に至るまで推敲し続けたのだと、私は思う」

さて、その吉田の書いた大宅壮一ノンフィクション賞受賞作『下下戦記』は、認定以前の、原因不明の伝染病、奇病と恐れられ、村八分にされた〝水俣奇病〟患者を描いている。「被害者水俣病」「補償金水俣病」の前に、もう一つの水俣病があるのだ、と吉田は言う。だから、これは「身障者の子と奇病の子の出会いの記録」なのであり、差別なんて慣れっこだ、と空元気を出して毎日毎日歌い続けた「ガラクタ行進曲」なのだという。

『苦海浄土』とは別の意味で無視できない作品だと私は思うが、吉田は「文庫版のためのあとがき」に、蔵相だった橋本龍太郎にインタビューした時のことを書いている。

超多忙の中、一五分の予定で会った橋本は、それをはるかにオーバーして四五分も話した。厚相などをやった橋本の亡父は、中学生のころ、結核性関節炎にかかり、一〇年も寝たきりの生活を送り、二〇回もの手術の末に片足が不自由になっている。一方、吉田の父親も二七歳の時に同じ病にかかり、両足不随で、その後、立ち上がることができなかった。つまり、吉田によれば、二人はお互いに「身障者の子」として、「その心の綾取《あやと》りみたいな真似」を蔵相執務室の中で繰り返したのである。

II　メディアへの問いかけ

41 『ネットと愛国』

安田浩一 著

稀代の毒筆家、竹中労は『くたばれスター野郎!』(秋田書店)に「かつて新珠《あらたま》三千代嬢は「朝鮮人ではないか?」と『週刊サンケイ』に書かれたことを、旅先のパリで聞いて激怒し、「メイヨキソンで告訴します」と語った。朝鮮人であることは〝不名誉〟なのか――、ぼくは、むしろ、新珠が、朝鮮の人びとから〝名誉棄損〟で訴えられはしないかと、ハラハラしたのである」と書いた。

五〇年前に出されたこの本の竹中の指摘が、いまは牧歌的に思えるほど、現在の朝鮮人差別は激しくなった。それはとっくに限界を越えている。ネット右翼、いわゆるネトウヨがその中心だが、前首相の安倍晋三の主張がそれと似ていることは明らかである。

著者は身体を張って、この差別の実態の解明に取り組んだ。講談社ノンフィクション賞を受けたこの『ネットと愛国』の後に著者は『ヘイトスピーチ』(文春新書)を出したが、差別者たちはこんなシュプレヒコールを繰り返しながら、日本有数のコリアン集住地域である大阪の鶴橋をこれ見よがしにデモ行進した。

朝鮮人死ね/殺せ、殺せ

ゴキブリ朝鮮人を叩き出せ/朝鮮人は呼吸するな。酸素がもったいない

コリアタウンを殺菌するぞ／朝鮮人は生きているだけで公害だ

目をそむけ、耳をおおいたくなるような言葉の羅列である。自分に自信がなく、というより自分がなくて「日本」という国だけにすがる弱虫どもが、「朝鮮人は皆殺シ」と大きな声で叫んでいる。

その渦中に飛び込んで彼らの生態を追ったこの本で、著者は信じ難い事実を指摘する。奈良県は吉野のある神社の宮司がブログに「共産支那はゴキブリとウジ虫、朝鮮半島はシラミとダニ。慰安婦だらけの国」とか、「韓国人は整形をしなければ見られた顔ではない」と書き込んだ。そして、二〇一三年春に「叙勲記念」として、ブログ記事などをまとめた本を自費出版した。さすがにここでは過激な表現は抑えられているが、この本の巻頭に安倍晋三が「推薦のことば」を寄せているのである。

安倍は宮司の経歴をなぞり、この本を「魂の日記」だと持ち上げて、「戦後失われた「日本人の誇り」をテーマとして、自分の国は自分たちが守らなければならないという強い意志を感じます。世界一の日本人、世界一の国家をめざして進むための道標となることと思います」と結んでいるという。

自信とは開かれたものであり、閉ざされたものではない。世界に開かれないヘイトスピーチの跋扈する日本など、世界のどこも相手にしない。

42 『出版業界最底辺日記』

塩山芳明 著

これほど衝撃を受けた本もない。副題が「エロ漫画編集者「嫌われ者の記」」というこの日記の、ドスの利いた悪口雑言にはシビレまくった。いろいろと覚醒させられたが、特に山一証券への公的資金導入に対する次の意見にはハッとなった。

「上層部のやり方に異議をとなえ、首になったまっとうな社員へ同情するならともかく、幹部の犯罪行為に唯々諾々と従ってた、山一証券の高給取り社員共が路頭に迷うのは、実に理にかなっている。一度はうめえ酒を飲み、いい女を抱き、心地いい家で家族と共に微笑み合ったのだ。哀れっぽい馬鹿ヅラをさらさずに、肉体労働者になるなり、浮浪者になるなり、自殺したい奴には死なせるなりしろ。それが、この糞豚共に俺達の血税をだとう!? 公的資金導入断固反対!!」

住専問題の時、私も公的資金導入に反対したが、こうした視点からではなかった。著者のルサンチマンには、熱く燃えさかる理がある。続けて引用してみる。

「本件に関して正論を吐いてるのは、日本共産党のみ。とはいえ同党も、郵政省の民営化には断固反対。まず首にならぬ公務員は、同党の金城湯池だしな。手前の懐が大事なのは誰も同じだが、恥ずかしすぎねえか、この景色? 右翼は皇室の民営化を、共産党は公務員の定数半減化くれ言い出さねえもんか? 敗戦後の日本の〃無責任の体系〃を総括するにゃ、絶好の機会。それが金貸し如きを救済のため、再び〃一億総懺悔〃つんだから、あきれて屁も出ない。共産党も、この種の族議員的体質を切り捨てねば、旧社会党支持者の集中も、一時的な雨やどりで終わるよ」

確かに、「金貸し如きを救済のため」公的資金を導入した結果、その後、巨大銀行(メガバンク)は巨額の利益を計上した。やはり「断固反対」すべきだったのである。この後の社民党批判も強烈だが、当たっていないとは言えない。

「社民党はひどい。(中略)俺は、かつての社会党が大好きだったが、さすがに愛想が尽きた。いつも青臭いこと言っちゃ、内ゲバばっかしてた(中略)が、金持ち共の金融不安に対して、自民党以上に強く公的資金の導入を訴える同党を見るにつけ、この党こそが一番天皇制的体質を血肉化しているのではと、確信したから」

これは一九九七年一二月某日の日記だが、著者はいまはどの党に投票しているのだろうか。その前の年の五月某日の日記には「近頃、『週刊ダイヤモンド』が面白いので毎週買ってる」とある。「逆に買わなくなったのが、『週刊金曜日』『放送文化』『頓智』」とか。ともあれ、著者の徹底したローアングルは貴重だ。

43 『天下無敵のメディア人間』 佐藤卓己 著

副題が「喧嘩ジャーナリスト・野依秀市」で、オビに「GHQから最も多く発禁処分を受けた男」とある。野依はむしろ悪評の方が高かった。

しかし、誰が野依を恐れたか、である。たとえば野依が主宰した『実業之世界』は一九一〇年五月一日号から九月一五日号まで「東京電燈株式会社電燈料三割減論」を掲載し、のちに『東電筆誅録』(実業之世界社)と題して刊行したのである。

作家の林房雄に「ゆすりたかりの天才」と評されもした野依は、一八八五年に福沢諭吉と同郷の大分県中津に生まれ、慶應義塾商業夜学校在学中に、『三田商業界』を創刊した。大分県選出の代議士にもなり、『帝都日日新聞』を創刊してもいる。

さて、「東京電燈株式会社電燈料三割減論」である。

野依は特権的独占にあぐらをかく東京電燈の経営者に我慢がならなかった。それで、その独占価格の弊害を徹底的に糾弾し、熱狂のあまり、当時の社長、佐竹作太郎に出刃包丁を送りつけて検挙された。「白昼公然強盗ニ為シタル所為」(第一審検事論告)というわけである。

第一審では他三件の恐喝と合わせて懲役二年六月も判決を受け、最終的に懲役二年で下獄した。しかし、入獄前、日比谷松本楼で送別会が開かれ、社会主義者の堺利彦らが激励の言葉を述べている。その東京電燈批判を含めて、多くの支持があったということだろう。三宅雪嶺や幸田露伴は、野依の入獄中の『実業之世界』に寄稿し続けている。

野依が指弾したのは山県有朋系の官僚勢力、とくに「金権に阿諛」し、「摩滅に帰せんとしつつある元老制度を再び復活せしめんとする」桂太郎だった。松尾尊兊『わが近代日本人物誌』(岩波書店)によれば、野依は「悪徳」と「悪口」を峻別する。そして、「悪徳新聞」には三種類あるとし、第一はユスリを事とするもの、第二は政府の御用新聞、第三は「品の善い温しさうな風をして、実は阿諛追従を以て権勢家の歓びを買」う、より悪質なものと分類する。彼の理想とするところは、「直筆直言、侃侃諤諤、威武に屈せず、富貴に阿《おもね》らず、真に男子の意気を具えたる、大悪口(実は大善口)新聞雑誌」だった。戦後は反共右翼運動に奔走して一九六八年に亡くなったが、小さな身体の中の反権力の精神を見逃すべきではないだろう。

野依は社会の責任を追及する。

「社会の組織が改善せられずに個人の改善が出来るもので無い」からである。

「若し境遇の圧迫に反抗し得る程の非常に偉い個人が沢山あるならば、それは個人の改善からやる方が早いかも知れぬけれど、人民の多数は決してそんな偉い者ではない」という野依の認識は極めて正しい。

44　『あわわのあはは』

住友達也 著

買い物難民を救って脚光を浴びた『とくし丸のキセキ』(西日本出版社)の方を取りあげるべきだろうが、その前史のこの本を取り上げたい。副題が「徳島タウン誌風雲録」。頼まれて、私はオビにこう書いた。「「読んだ、興奮した、すすめたくなった」この〝徳島の坂本龍馬〟の痛快無類の半生記を私は大推薦する」。隣にミュージシャンの加川良の推薦文が並んでいる。「教訓も伝道もクソクラエ。人生は一回じゃない。転がってるから拾ってみろ。ノー天気・住友くんの冒険日誌」。

二度の徳島県知事選とそれに続く徳島市長選に応援に行って知り合った。ちょうどひとまわり下の好もしい男から推薦文を頼まれた時、私は正直、それほど期待していなかった。行動する人間とものを書く人間が合致することは稀だからである。ところが読み始めると、とてつもなくおもしろい。何よりも、「二三歳のワカゾー」が『あわわ』(阿波にもうひとつわをつけた)というタウン誌を創刊し、成功させるまでの体験はユニークで、文字通りの恐れを知らぬ向こう見ずに、こちらもハラハラ、ドキドキさせられる。

この青年のさわやかさは、ホットさとクールさを併せ持ち、べたつかず、離れ過ぎず、相手との距離の取り方が程よいところからくる。ビジネスとして成り立たせたのもなるほどと思わせる。〝おばあちゃんのコンシェルジュ〟となって、移動スーパー「とくし丸」を成功させた際も、それは十分に発揮された。

買い物難民とは生鮮食品を買える場所が五〇〇メートル圏内になくて、自動車に乗れない人を指すが、現在驚くほどの数がいるのである。その原因は、スーパーの大型化、郊外化によって、地元のスーパーが撤退していったこと。公共交通機関が弱体化したことなどが挙げられる。生協がサポートしているが、注文してから届くのが一週間後で、ほとんどが冷凍食品であるため、たとえば刺身が食べたいといった需要に応えることができない。

それで住友は〝おばあちゃんのコンシェルジュ〟をめざすことにした。過疎地に住む高齢者の九九パーセントが女性で、彼女たちの声に徹底的に耳を傾けることによって事業を展開させようと考えたのである。

「週二回訪問します。三日に一回買ってください。つまり三日に一回、赤の他人が玄関先まで来てウエルカムなものは食品以外考えられません。他の商品やサービスでは嫌がられるでしょうが、僕らは来てもらわないと困ると言われる存在になります」

住友はこう語っているが、それを続けると頼られる存在になり、電球を替えてほしいとか、郵便物を出してほしいとかまで頼まれるようになった。

45 『メディアの支配者』

中川一徳 著

ライブドアの堀江貴文がねらったのはフジテレビだった。それを支配したいから、フジの親会社のニッポン放送の株を買い進めた。二〇〇八年に倒産したリーマン・ブラザーズの資金によってである。結局失敗したが、そのドラマを『メディアの支配者』で描いた中川は『世界』の二〇〇八年一一月号に「テレビに反省はない」という続編を書いた。そこで、系列の『産経新聞』に掲載された安部譲二の激しいテレビ批判を引いている。

「なぜテレビは、こんなに下らないのでしょう。ホリエモンに乗っ取られかけた時に、フジテレビの日枝(久)会長は、テレビには公共性があると何度も言いました。公共性とは、愚にもつかない番組を映し続けて国民を白痴化することでしょうか」

これは、ライブドアが強制捜査される直前の批評だが、堀江が乗っ取ったら、さらなる「白痴化」が進行したことだろう。堀江に仕掛けられたニッポン放送株のTOB問題で、約一四七〇億円を支払う和解で決着したことについて、直後のフジの株主総会で、日枝の責任を問う声が止まず、大荒れに荒れた。その後、ニッポン放送社長の亀渕昭信やフジテレビ社長の村上光一は辞任したのに日枝だけは居すわり続けている。権力亡者の醜態は〝お友だち〟の安倍晋三並みだが、中川は日枝はなぜ辞めないのかを問う。

堀江の後には村上世彰がいた。元通産官僚で株を操る〝黒幕〟である。中川は村上とライブドア間のインサイダー取引は枝葉に過ぎず、本筋の太い幹は村上とフジテレビの間のインサイダー疑惑だと指摘する。村上と日枝には「知られざる蜜月関係」があり、検察がフジのインサイダー疑惑には目をつぶったというのである。

ここまで書かれて、日枝がそれを黙殺するのは、卑しくもメディアのトップとして許されることではないだろう。中川は書く。一般的には村上と日枝は敵対していたかのように見られていたし、最終局面ではそうなったが、実はそれまでの長期間、二人は手を結んでいた、と。

「村上はニッポン放送が抱えるお宝のフジテレビ株に目をつけ、その〝価値〟を簒奪するために、一方のフジテレビはニッポン放送を親会社から引きずり降ろす為に共闘していたのだ」

この断定を中川は法廷での村上証言などから反論の余地はなく組み立てていく。

たとえば、ライブドアに電撃的に株を買われたニッポン放送の顧問弁護士らが、村上や堀江をインサイダー取引で刑事告発するという抵抗策を考えたら、フジの弁護士はそれに、まるで「敵方の代理人」のように反対したという。実は、日枝はニッポン放送を裏切ってウラで村上と談合していたから、自らにも火の粉がかかる告発をつぶしたと証言する者もいるのである。

46　『渡邉恒雄　メディアと権力』

魚住　昭　著

文庫版の要約では「「一〇〇〇万部」の力を背景に首相をも動かし、世論を操ろうとする読売王国の総帥、渡邉恒雄。屈折した少年期、主体性論をひっさげた東大共産党時代、そして粛清を重ねて新聞社社長の座に登りつめるまで。稀代のマキャベリストのすべてを白日の下に曝す決定版評伝」と書かれている。

このメディアのドンに私は一度インタビューしたことがある。『月刊現代』の二〇〇六年一月号でだった。最初は、何でオレを批判ばっかりしているサタカと会わなきゃならないんだ、と渋っていたらしいが、対談の席ではにこやかで、記憶に残る発言をした。

「僕は安倍(晋三)さんは次期総理大臣の有力候補だと思うけど、彼にもはっきり言ったんですよ。あなたの靖国神社公式参拝論だけは支持できないと」

そして、籠絡しようとしたのか、「今日始めて明かすんだけど」と言って、自分の婚約破棄の逸話を打ち明けた。

「実はいまの女房と結婚する前に僕には惚れた女がいた。山本富士子がミス日本になった時のミス静岡なんだけれど、その娘と婚約してね。その仲人をしてもらおうと、熱海にいた石橋湛山に頼みに行ったんだ。石橋さんの選挙区は静岡だったからね。それで湛山から、仲人をしてもらう約束を取り付けたんだ」

ところが、現在の妻と出会ってしまい、ミス静岡との婚約を解消したという。それで湛山の仲人もなしになり、「相手が替わっちゃった」仲人は、東大新人会以来の知り合いの宇都宮徳馬に頼むことになった。

魚住の「決定版評伝」には、渡邉が専務となって権力を握ってからの恐怖政治の一端が紹介されている。渡邉は仕事でミスをした編集局幹部たちを次々と呼びつけ、自分の机の前に立たせたままで怒鳴りつけた。たまたま部屋を訪ねた副社長の丸山巌が見かねて、「せめて連中を腰掛けさせてやったらどうだ。相手を見上げてばかりじゃ、あんたの首も疲れるだろう」と口をはさむと、渡邉は、「いや、ダメだっ」とハネつけ、丸山が「だけど、もっとやる気を起こさせるような叱り方をしなくちゃ、せっかく才能を持っている者が育たないぞ」と忠告すると、渡邉は「俺は才能のあるやつなんか要らん」と反発し、こう続けた。

「俺は社長になる。そのためには才能のあるやつなんか邪魔だ。俺にとっちゃ、何でも俺の言うことに忠実に従うやつだけが優秀な社員だ」

こんな渡邉に、二〇一一年に読売巨人軍代表だった清武英利が反逆した。「清武の乱」と言われるが、この清武をドンが訴えたのは最悪だった。新聞は訴えるものではなく、訴えられるものだからである。

47 『天人』

後藤正治 著

「天人」は『朝日新聞』の名物コラム「天声人語」の略で、一時それを書いていた深代惇郎の代名詞のようにもなっている。担当した期間はそんなに長くなかったのに、「天人」と言えば深代となるのである。深代を描いたこの本の副題が「深代惇郎と新聞の時代」。

三島由紀夫が自衛隊に決起を促して割腹自殺した時、深代は『朝日』の社説にこう書いた。

「彼の政治哲学には、天皇や貴族はあっても、民衆はいない。彼の暴力是認には、民主主義の理念とは到底あいいれぬごう慢な精神がある。民衆は、彼の自己顕示欲のための小道具ではない」

三島が一九七〇年一一月二五日に四五歳で亡くなった時、深代は四歳下の四一歳だった。ミリタントなリベラリストとして〃三島的なるもの〃と闘った深代の魅力を伝えて後藤のペンは余すところがないが、忘れ去られかかっている深代に比して、三島は過大に神格化されている。

運動神経が鈍く、虚弱だった三島は徴兵検査で第二乙種となった。辛くも合格とはいえ、ほとんど徴兵されることはないと思われたが、戦局が厳しくなると入隊検査を受けなければならなくなる。しかし、風邪を引いて高熱だったために、肺浸潤と診断され、即時帰郷を命ぜられた。その後の様子を、付き添っていった父親の平岡梓が『伜・三島由紀夫』(文春文庫)に次のように書いている。ちなみに三島の本名は平岡公威である。

「門を一歩踏み出るや伜の手を取るようにして一目散に駈け出しました。早いこと早いこと、実によく駈けました。どのくらいか今は覚えておりませんが、相当の長距離でした。しかもその間絶えず振り向きながらです。これはいつ後から兵隊さんが追い駈けて来て、「さっきのは間違いだった、取消しだ、立派な合格お目出度う」とどなってくるかもしれないので、それが恐くて恐くて仕方がなかったからです。「遁げ遁げ家康天下を取る」で、あのときの逃げ足の早さはテレビの脱獄囚にもひけをとらなかったと思います」

三島より二歳下で少年兵として過酷な軍隊体験をした城山三郎は「戦争はすべてを失わせる。戦争で得たものは憲法だけだ」と繰り返し語った。

しかし、劣等感の裏返しから愛国を強調した三島は、その憲法を捨てよ、と説く。三島が没して五年後に四六歳で亡くなった深代に、私は会ったことがない。東京は上野警察署に詰めていた記者時代の仲間の『読売』の本田靖春、『産経』の馬見塚達雄には会ったことがある。私が『夕刊フジ』でデビューした時、馬見塚は同紙の編集局長だった。『夕刊フジ』に『朝日』批判の記事が載って、馬見塚が「申し訳なかった」と〝仁義〟を切ると、深代は「いいよ、いいよ、相互批判がないとジャーナリズムは駄目になっていく」と泰然としていたという。

48 『南ア共和国の内幕』

伊藤正孝 著

朝日新聞のアフリカ記者として鳴らし、『朝日ジャーナル』の編集長もやった伊藤が五八歳で亡くなったのは一九九五年である。

この本を読んで、私の編集していた経済誌の座談会への出席を頼んだのが、伊藤との最初の出会いだった。そして次に、当時、特にメディアに対して圧倒的な力を持っていたトヨタやホンダ等の自動車メーカーに挑んだ『欠陥車と企業犯罪』(三一新書)を読み、いわゆる「ユーザーユニオン事件」をドキュメントタッチで描いたこの快著を絶版のママにしておいてはいけないと、私が監修した現代教養文庫の「ベスト・ノンフィクション」に入れた。それを喜んでくれて、伊藤は文庫版あとがきに「一面識もなかった佐高氏は、この本を高く評価してくださり、カイロ駐在から帰国したばかりの私に会いにこられた。初版発行から一〇年たっていただけに、そして社会的にはほとんど黙殺された本だっただけに、佐高氏の知遇は私にとって忘れがたいものとなった」と書いている。先述したように「一面識もなかった」わけではないが、伊藤はそれだけ嬉しかったのだろう。

『欠陥車と企業犯罪』の話を長々としたのは、『南ア共和国の内幕』も黙殺どころか、不当な非難を受けたからである。扇谷正造が選考委員として大宅壮一ノンフィクション賞を回顧した記録に、伊藤の名が第二回と第三回と続けて出てくる。柳田邦男の『マッハの恐怖』と桐島洋子の『淋しいアメリカ人』が受賞した第三回では、『南ア共和国の内幕』が次のように難じられている。

「筆者はビザをとるにあたって「私は、彼(南ア共和国在日副領事)を裏切ることに決心した」というところに抵抗を感じた。ジャーナリストは、ジャーナリストである前に、よき一人の市民であることが、大切であるまいか。それには対象に対して虚心にのぞむことである。ただし、文章は才筆、ガンバリズムにはシャッポ」

鎌田慧の『自動車絶望工場』とほぼ同じ理由で伊藤は大宅賞を逸した。しかし、それはむしろ伊藤にとっては誇りというべきだろう。伊藤は(そして鎌田も)扇谷の示唆する「安全なジャーナリズム」を志向してはいないからである。

その後の新版の「まえがき」に伊藤が記したごとく、白人の譲歩でアパルトヘイト法がかわったのだろうが、意識まで変わったわけではないのではないか。驚くべきアパルトヘイトの実態を紹介しながら、伊藤は「差別とは感情ではなく構造である」と書く。競争の中で私たちは「同じ人種の中にたえず〝黒人〟を作り出す」のだ、と。

伊藤は『朝日ジャーナル』の編集長になって「野戦服宣言」をしたが、最後までそれを脱がなかったように思う。あまりに若い死だった。

49 『不可触民』

山際素男 著

中島岳志は『インドの時代』（新潮文庫）の「あとがき」にこう書いている。

「私はインドを旅行した若い日本人と話をする機会が多いが、その度にうんざりさせられる。とにかく、彼らの語りが、鸚鵡《おうむ》返しのようにほとんど同じなのだ。安宿街でボラれた話からヴァラナシのガンジス川の風景まで、その語りは藤原新也や沢木耕太郎、巷に溢れるバックパッカー本の追体験ばかりだ」

『不可触民』の副題は「もうひとつのインド」だが、このインド紀行は、その底深い闇が、人間の生の無残さ、悲惨さ、そして、それゆえに原初の不気味さを伝えて、私は自分の見ている世界がグルリとひっくりかえるような衝撃を受けた。

カースト制下の、想像を絶するすさまじい不可触民差別は、たとえば、こうである。それは差別というより虐待というべきだろう。ある地方では、不可触民は生まれるとすぐ、男も女も、腕に入れ墨をされる。そして、その入れ墨のある娘は、不可触民以外のカーストヒンズー（ヒンズー教徒のインド人）から、おもちゃにされるのである。

「本当なのです、ヤマギワさん、腕に十印などをつけられているのです。入墨の風習は珍しくありませんが、この場合は、かつてアメリカの黒人奴隷が家畜として焼印を押されたのと同じように、入墨をされるのです」

不可触民は何代にもわたっての栄養不良で体力的にカーストヒンズーに対抗できない。また、たとえ一日一食以上食べることができる場合でも、カーストヒンズーたちがそれを許さない。

「どうして、そんな状態にわれわれを置こうとするのか？　ひとつは、同じように貧しいカーストヒンズーたちが、常に自分より惨めな状態の人間を作り出し、せめてもの満足をえようとするからです。(中略)何百、何千年と、かれらは力ずくでわれわれを押さえつけてきています。そのためには、不可触民が栄養をとり、体力を増すと困るのです」

街路で生活する人間たちにも家族がいる。

「初めてインドを訪れ、歩道に寝る何百という人びとを見たときの驚きをわたしは今も忘れることはできない。〝死者〟の群、と、とっさにわたしは思ったのだ。人びとは死んだように疲れた軀をコンクリートの敷石に横たえ熟睡しているのであって、決して〝屍骸〟ではないのだ」

不可触民虐待ならぬ虐殺の数々を、私は容易にここに書き写すことができない。黒人差別のように、カーストヒンズーたちは不可触民を人間としては見ていないのである。堀田善衞は『インドで考えたこと』(岩波新書)に、アジアは生きたい、生きたいと叫んでいるのに対して、ヨーロッパは死にたくない、死にたくないと言っていると記した。しかし、問題はその生のありようなのではないか。

50 『記者襲撃』

樋田　毅 著

一九八七年五月三日、赤報隊を名乗る者たちに殺された『朝日新聞』記者の小尻知博を悼んで、私はこう書いたことがある。

「そもそも赤報隊とは相楽総三をリーダーとする草莽の討幕隊で、下級武士と農民の混合部隊だった。彼らは薩摩や長州を中心とする新政府軍が流した「年貢半減令」を信じ、徳川幕府を倒せば年貢は半分になると思って、それに参加した。しかし、もともと新政府にそんなつもりは微塵もなく、年貢半減を触れ歩いた相楽らは「偽官軍」として新政府によって処刑される。そんな由来を持つ赤報隊を名乗って犯人はどうして『朝日』を攻撃しなければならなかったのか。むしろ、中曽根康弘や竹下登ら、当時の政府権力者の偽善を暴く『朝日』は、彼らと志を同じくする者ではないのか。暗殺はしばしば〝誤爆〟に陥るが、相楽総三の悲劇を私は忘れたくないと思うだけに、犯人が赤報隊を名乗っていることも無念である」と。ところが、『朝日』の記者として、この事件の発生当初から特命取材班に加わって真相を追い続けてきた著者によれば、中曽根と竹下も狙われていた。中曽根宛ての脅迫状には、靖国参拝や教科書問題で日本民族を裏切ったと書かれている。自分たちの気に入らない者はすべてテロの対象とするのである。著者は犯人と目される右翼関係者とも会って激論を交わす。『朝日』にこんな骨っぽい記者がいたのか、と驚くほどだ。

この本では「α教会」と書かれている新興宗教は、その霊感商法などを『朝日ジャーナル』で激しく批判されていたが、その政治団体である「α連合」が同誌の編集部宛てに「社員のガキをひき殺す」という内容の脅迫文を送ってきた。

「朝日の経営権を三日以内におれたちにゆずれ。さもないとてめえらの社員のガキを車でひき殺す。俺たちには岸(信介)元首相や福田(赳夫)元首相が付いている。警察は俺たちの操り人形だ。俺たちが何をしても罪にはならない」

自民党最後のハト派といわれた後藤田正晴は「これからの時代は朝日新聞ががんばらなければならないんだ」と言ったというが、確かにそうである。われわれも狙われる『朝日』を支える必要がある。

ところで、この本はなぜ、朝日新聞出版ではなく岩波書店から出たのか。こう尋ねると、樋田は、『朝日』にも厳しいことを書いたので朝日新聞出版から出すことはできないだろうと思ったとのことだった。「大げさかもしれないけれど、ジャーナリズムの歴史の一つを記録するつもりで、身びいきしてはいけないと思い自分が知り得たことを客観的に書いた」のである。

51 『銀バエ』

山岡俊介 著

「言論の自由」とかいうものは大手メディアが守ってきたのではない。それは盗聴までされながら、屈せずに書きつづけたフリーのライターによって、かすかに守られてきたのである。山岡の盗聴を命じた武富士のドン武井保雄は遂に逮捕されたが(その後、死去)、そこに至るまでには山岡の方が罪人にされかねなかった。

イトマン事件で塀の中に落ちたフィクサーの小早川茂に、山岡はこう言われる。

「山岡さん、武井があんたにヒットマンを放つ準備をしているようや。このままだと命が危ないよ。ワシが武井に詫び状書かせるから、ここはいったん引いたほうがいいんじゃないか?」

もちろん、山岡が引くわけもない。

山岡によれば、武富士は大手メディアに対しては全面戦争はせずに牽制をし、逆に、フリーライターと弱い出版社には「無実」を主張するために嫌がらせ提訴をするという姑息な「両面作戦」を展開した。副題が「実録武富士盗聴事件」のこの本に山岡はなぜ、『銀バエ』という名を冠したのか。

「お前らは「中川資料」というカネのなる木にたかる銀バエだよ!」

『銀バエ』

二〇〇三年春、参考人として新宿警察署の取り調べ室にいた山岡に、捜査主任がこう言い放った。このころ、山岡は『週刊金曜日』等で武富士疑惑を報じない大手メディアへの疑問をぶつけているが、盗聴された当事者の貴重なドキュメントである『銀バエ』で、私が最も共感するのは、山岡が第四章「腐敗」で、「武富士のカネに群がる政・官・財、マスコミ、電通、闇人脈」を暴いていることである。

「貧乏を怒りに変えるフリーはジャーナリズムの原点を忘れない」は山岡の意地であり、誇りだろう。それを大手メディアの記者はどう受けとめるか。「銀バエで上等ではないか」という山岡は「やられたら、やりかえせ!」と叫ぶ。

山岡を支えつづけてきた弁護士の芳永克彦は、山岡はいわゆる闘士ではないという。芳永から山岡の名を聞いたのはずいぶん前のことになる。たしか、『アムウェイビジネスへの大いなる疑問』(あっぷる出版社)という山岡の本を手渡され、いま、アムウェイに訴えられているので、応援してくれと言われた。この裁判は山岡側の完全勝利で終わったが、地道にこうした本を書く若い人がいるんだなと思い、山岡の名は記憶に残った。

そして、武富士による盗聴事件となる。その経緯を綴ったこの本も熱書だが、私は山岡が中国人女性と結婚するまでを告白した『ぼくの嫁さんは異星人』(双葉社)に山岡の損得を考えない一面が表れているように思う。

52 『武富士追及』

三宅勝久 著

二〇〇六年九月二三日付の『東京新聞』に著者の三宅と㈱金曜日が、武富士と同社の会長だった武井保雄による「訴訟テロとの戦い」に勝利したという記事が出ている。武富士は、三宅が『週刊金曜日』に連載した批判記事に対し、名誉毀損だとして、一億円余の損害賠償請求訴訟を起こしていた。『東京新聞』には「新聞やテレビは当時、消費者金融業界への批判的報道をほとんどしていなかった」と書いてある。「書けば提訴される」という恐怖心で縛られていたのである。それでも書きつづけた三宅の感じた重圧は並大抵のものではなかっただろう。勝訴会見で三宅は「マスコミはまず自らの責任を振り返るべきだ」と語った。私は当時、㈱金曜日の社長をしており、そう主張する三宅の隣にすわっていた。

二〇〇五年一一月に出た『武富士追及』には「特に『朝日新聞』の武富士に対するだらしなさは際立っている。二〇〇四年五月と九月、武井保雄に対する刑事公判の真っ最中にもかかわらず、『朝日新聞』大阪本社版が営業広告(全五段、半五段)を掲載した」と書いてある。

『週刊金曜日』の二〇〇二年一〇月一八日号に、ルポルタージュ大賞の優秀賞を受けた三宅の「受賞の言葉」が載っている。作品は「債権回収屋〝G〟野放しの闇金融」。

「子どものころ、教室で拙い作文をみんなの目の前で誉めてもらったような嬉しさと恥ずかしさで一杯です。ありがとうございます。賞金は取材費として大切に使わせていただきます。取材中は「借りた方が悪い」と聞くたびにやり切れなさを感じました。日本は高利貸しに甘い社会ですね。闇金は儲かるから貸すのです。税金もろくに払わない連中をなぜ擁護するのでしょう。利息制限法や貸金業規制法違反を常態とする大手サラ金が「一流金業」として大手を振っていられるのも異常ですが」

それから三宅が武富士に訴訟を起こされるまで半年もかからなかった。

倉敷で少年時代を過ごした三宅は、とにかく外へ出たかった。それで大阪外語大学イスパニア語科に入る。「よくわからずに未知の言語の学科をめざし、入ってからそれがスペイン語だとわかった」という。大学には休学を含めて九年間在学し、最長記録をつくった。

その間、小田実の『何でも見てやろう』に魅せられてスペインに渡り、マドリッドの日本食のレストランで一年間働いたりもした。それは卒業論文を書く時に生きる。何せ、スペイン語で書かなければならなかったからである。「チェ・ゲバラを考える」というその卒論は、衝撃を受けたゲバラのライフストーリーを追った。また、メキシコでは共同通信のメキシコ支局に、やはり一年間居候している。剣道をやったこともある三宅の趣味はギター。名曲「アルハンブラの思い出」のほかに、自分でつくった曲を奏でることもあるらしい。

53 『「噂の眞相」トップ屋稼業』

西岡研介 著

いま、『噂の眞相』があったら、との声がよく聞かれる。

まさにマスコミ界の〝鬼っ子〟として暴れまくった末に休刊した同誌については、御大の岡留安則の『『噂の眞相』25年戦記』(集英社新書)や『編集長を出せ！』(ソフトバンク新書)などの回顧録を取り上げる方法もあるし、デスクの神林広恵の『噂の女』(幻冬舎アウトロー文庫)でその軌跡をたどるやり方もある。

しかし、私は敢えて途中入社して大ホームランをかっとばした西岡のこの手記を挙げたい。言うまでもなく、東京高検検事長、則定衛の女性スキャンダルを暴いて、この国のパワーエリートを震撼させた記者のドキュメントである。

同誌が右翼に襲われた際の情景描写も迫力がある。渋々、事情聴取を受けるべく四谷署に行った岡留は、トイレと言って出て来て西岡に電話をかけ、〝防犯用〟ビデオが撮っていたテープをウェブで流せ、と指示する。

「もちろん、四谷署には内緒だよ。証拠として押収されたら元も子もないから」

これには西岡も「大したオヤジ」だと兜を脱ぐ。自分が殴られているシーンまで情報公開したわけだからである。その岡留とコラムニストの中森明夫が対談して、こんなヤリトリをしている。

「岡留さんって声がいいんですよ。優しい声をしている。僕は実際にお会いするまで、もっと太い感じっていうか、殺し屋みたいな声じゃないかと思ってました(笑)」

中森がこう問いかけると、岡留は「右翼とかが抗議しにしょっちゅう来たけど、僕のことを写真でしか知らない人はすごい怖いイメージを持って来るらしいんですよ。でも実際に話すと優しい声をしているから(笑)、向こうは拍子抜けするみたい。最後に「岡留クン、頑張れよ」って言って帰っていきますから」と答えているが、「拍子抜け」しない右翼が来て、岡留と副編集長の川端幹人がケガをした。

創刊のころ、とにかく目立つようにと派手にしたら、同誌はエロ本コーナーに置かれたこともあったという。二〇周年記念別冊には「独走スクープ」と銘打った記事が再録されているが、「朝日新聞中江利忠新社長にまつわる言論封殺の重大疑惑」から「司馬遼太郎が歴史から抹殺した私生活の〝過去〟」まで、ある種の読者はアレルギーを起こすスキャンダル記事も並んでいる。

岡留を「新宿ノーテンキ・ゲリラ」と命名したのは、たしか、『朝日ジャーナル』にいた宮本貢だった。岡留自身もそれを気に入っていたらしい。岡留は「権力と闘ってるっていう気負い」はなく、自然体でやっていたのである。悲壮感とは無縁で、抵抗がスタイルになっていたのだ。

54　『田中角栄』

早野　透著

東大法学部の丸山真男ゼミで学んで『朝日新聞』の記者になり、志願して田中の選挙区の支局員となった著者は、田中の後援会「越山会」で見聞きしたことを「草のとりで」と題して連載した。それが『田中角栄と「戦後」の精神』（朝日文庫）という著者の若き日の熱書に結実する。それをモルトとして発酵させたのがこの本である。

著者は田中に惚れ込んで秘書となった早坂茂三と山奥の温泉宿で一夜を語り明かした。

「驚きましたよ、「越山会」には元共産党員もいるんですよね、戦前の小作争議を闘った人たちですよ、もう戦争はいやだ、せっかく農地解放で生きるすべを手にしたんだ、もっと豊かになりたい。そんな思いで角栄さんを担いでいるんです、こりゃ利益還元政治というより民衆同盟だな、盟主の角栄を裁こうとする東京のエリート権力への抵抗の気持ちがあるんだな」

と著者が言えば、早坂は、

「ぼくは黒澤明の『七人の侍』が好きでね、「侍は風、百姓は大地」と志村喬がつぶやく場面があったろう。賊を退けて侍は去っていく。百姓は今年もまた田植え歌を歌う。政治家は風、民衆は大地だ。角栄も吹きすぎていく。民衆はそこに生き続ける」

企に万不同意であると同時に、その企の失敗を喜ぶと同時に、彼ら十二名も殺したくはなかった」

最初に「僕は臆病で、血を流すのが嫌い」と断っているが、あの状況下で「彼ら十二名も殺したくはなかった」と公の場で言うことほど勇気ある行為もない。なぜ、蘆花は彼らを「生かしておきたかった」と言ったのか？

「彼らは乱臣賊子の名をうけても、ただの賊ではない、志士である。ただの賊でも死刑はいけぬ。まして彼らは有為の志士である。自由平等の新天新地を夢み、身を献げて人類のために尽さんとする志士である。その行為はたとえ狂に近いとも、その志は憐むべきではないか」

こう続けた蘆花は、さらに踏み込む。

彼らは富の分配の不平等に社会の欠陥を見て、生産機関の公有を主張した社会主義者だが、社会主義が何が恐いか？　世界のどこにでもあるではないか。いま読んでもハラハラするような講演である。多分、聴衆の矢内原や南原も、時代閉塞の現状を打破する主張に胸のすく思いをしながらもドキドキしていただろう。

蘆花は兄の蘇峰と比較して「賢兄愚弟」と言われた。しかし、そうではなくて「阿兄逆弟」である。時代や権力に阿った兄に対して、弟はそれに逆らい、現在も読む者に勇気を与える「謀叛論」を残した。著者はその生涯を大部な三部作にまとめ、大佛次郎賞を受けたのである。

62『鞍馬天狗のおじさんは』

竹中　労著

副題が「聞書・嵐寛寿郎一代」のこの本は嵐寛寿郎ことアラカンと妖刀のルポライター竹中が無頼の一点において一致した稀代の傑作である。

鞍馬天狗で有名なアラカンは天皇も演じた。それも神武天皇から明治大帝まで多彩である。しかし、天皇役は「ワテにとって長い苦労のタネでおました」と述懐している。それはそうだろう。竹中が共鳴したアラカンには次のような反逆の血が流れているからである。

「ワテは前から維新ものがやりたかった。アラカン何をゆうやらと嗤われるかも知らんが、詮ずるところ男のドラマは革命や。それとまあ、ニヒリズムでんな。たれよりも勇敢に闘うて、たれよりも無残に裏切られていく。そんな人間を演じてみたいと願うておりましたんや」

アラカンは戦時中に一座を組んで前線を巡業して歩いた。その時、関東軍のエライさんが毎晩のように芸者を抱いて遊んでいるのを見て、戦争は完全に負けだと思ったという。

「戦争こんなものか、〝王道楽土〟やらゆうて、エライさんは毎晩極楽、春画を眺めて長じゅばん着たのとオメコして。下ッ端の兵隊は雪の進軍、氷の地獄ですわ」

「軍隊平等やおへん。エライさんは楽しんで、兵隊苦労ばっかりや。こら話がよっぽど違うと思うた。教育ないさかい、むつかしい理クツはわかりまへん。せやけど戦争ゆうたら、馬鹿も利口も生命は一つでっしゃろ。鉄砲玉にも平等に当たらな、不公平ゆうものやおまへんか。ところが、司令官やらゆうお方はちゃんと安全地帯におって酒くろうてオメコして、ほてからに滅私奉公が聞いてあきれる。ちっともおのれを虚しうしてまへん。これゆうたらさしさわるけど、カツドウヤのエライさんと同じことでおます(笑)」

あに、活動屋、すなわち映画会社のエライさんのみならんや。「安全地帯」にいるエライさんこそが、やたらと愛国心を呼号する。そして、「日本を取り戻す」などと叫ぶのである。

アラカンもプロダクションをつくったが、映画がサイレントからトーキーに代わる時でダメになった。そこにのちの大映社長、永田雅一が登場し、解散費用と高給をだすから、おまえだけ新興キネマに来い、と誘われる。

「従業員もいっしょにひきとってもらえまへんのか?」というアラカンの問いかけに、永田は、「あかんあかん、二者択一や」と答える。それでアラカンは、「へえ、ほたらどっちかゆうことでおますな、ワテはよろしい、従業員ひきとってほしい」と言った。

さすがにアラカンだが、永田も約束を守る。しかし、その永田からアラカンは徹底的に干された。わかっていてもアラカンは反逆せざるをえないのである。

63 『井上剣花坊・鶴彬』

坂本幸四郎 著

四月二九日の「みどりの日」(昭和天皇誕生日)を「昭和の日」に変える法案に反対する立場から、二〇〇〇年五月九日の参議院文教・科学委員会で参考人として話した。その後、各委員から質問があり、私は、鶴彬《つるあきら》の川柳を引いた。

〈さっき岩井(忠熊・立命館大学名誉教授)参考人が川柳を引用されましたけれども、例えば鶴彬という川柳作家がおりまして、この人は二九歳で獄死したんですけれども、「万歳とあげていった手を大陸においてきた」「手と足をもいだ丸太にして返し」とか、「修身にない孝行で淫売婦」というような非常に痛烈な川柳をつくって、そして捕まえられて獄死した。この獄死には、官憲が赤痢菌を注射したんじゃないかという噂さえある人なんですけれども、そういうような昭和というものを天皇の誕生日ということで押し付けるということについては、やっぱり大きな過ちとなるのではないかというふうに思うわけですね〉

鶴の川柳の激烈さゆえだろう。

必ずしもメインではないこの部分に、委員会を聴いていた朝日新聞編集委員の早野透が反応して、同年五月一六日付の同紙のコラム「ポリティカにっぽん」に次のように書いた。

〈佐高氏は鶴彬の川柳を読み上げながら、「昭和の影の部分を隠して、れいれいしく祝うのはいかがなものか」と疑問を投げかけた。鶴彬、本名は喜多一二《かつじ》、石川県出身。一七歳で家を飛び出し、鋭い怒りと悲しみの川柳をつくった。それが反戦思想を鼓舞するとして治安維持法違反で特高警察に捕えられ、赤痢にかかって病院のベッドに手錠をくくりつけられたまま、二九歳で死んだ。一九三八(昭和一三)年九月のことだった。

塹壕で読む妹を売る手紙／貞操を為替に組んでふるさとへ／泥棒を選べと推薦状がくる「泥棒を」の句は当時の衆院選挙のことである。いまならばだれでも言えるけれど、世間がみな大政翼賛に動いていくころに、こんなに激しい時代批判をどれだけの人が言えただろう。佐高氏は意見陳述でこう言っている。「昭和の日は、狭い愛国心を押し出してくる感じがしてならない。昭和天皇という人は自分の誕生日に昭和という時代を考えてほしいなどと望んでいるだろうか」。

そうだ、戦前こそ軍刀をもって君臨していたけれど、戦後は植物を観察したり顕微鏡をのぞいたりしながら国の象徴をつとめた昭和天皇は、やはり、「みどりの日」の方を気に入るのではないだろうか〉

鶴彬については、一叩人が『反戦川柳人・鶴彬』(たいまつ新書)を書き、一九九八年に澤地久枝が『鶴彬全集』を刊行した。鶴の言葉の力で、全集は早々に売り切れたという。

64 『たいまつ十六年』

むのたけじ 著

一九四五年八月一五日、朝日新聞記者だったむのは、戦争責任を感じて辞表を出し、郷里の秋田県横手市に帰った。そして、『たいまつ』と名づけた新聞を発行し始める。むののように戦争責任を深く考えて辞めた記者はいない。しかし、一人でもむののような人間がいたということは救いになるだろう。『たいまつ十六年』は、むのが歩んだ戦後史を綴ったものだが、魯迅を敬愛するむのは、たとえば次のように問いかける。

「行く先が明るいから行くのか。行く先が暗くて困難であるなら、行くのはよすのか。よしたらいいじゃないか」

ジャーナリストのいいかげんさを指弾する切っ先も、自分の患部にメスを入れているだけに鋭い。ナポレオンがエルバ島を脱走してパリに入城するまでの二三日間に、フランスの新聞は七たび呼称を変えたという。「凶悪なる卑劣漢、エルバを脱走」に始まって、「コルシカの怪物、ジュアン湾に上陸」「食人鬼、グラッスに進撃」「簒奪者、グルノーブルを占領」と非難していたのが一転して、ついには、「皇帝陛下、忠誠なるパリに御帰還」となった。この事例を紹介しつつ、むのはこう書く。

「時の古今も所の東西もない。主観の欠落した新聞の「客観性」はこの通りだ。「自由は知る権利から」という新聞週間の標語の、真実の意味を知らないならば、新聞のつかんでいるのは一片の野糞、見出しをかえる自由だけである」

むのがはじめて郷里で新聞を作り、戸別訪問して売り歩いていた時、入って行った農家では、五〇すぎらしい父親と、二五歳前後の息子がドブロクを飲んでいた。当然、むのは息子の方に新聞を差し出したが、彼は一面上に目をとめ、「なに？ 農村景気は下り坂だって？ えんぎでもねえや」と言って、つっけんどんに返してよこした。しかし、その父親のほうが、「なに、百姓は苦しくなるって？ んだんだ、その通りだ、どれ、おれに見せろ」と手を出してよこし、しばらく新聞に目をこらしながら、代金の三円を払った。

「若い目が老いた目より、ヨリ確実で強い視力を持っているとは限らなかった。親と子との反応のちがいは、昭和初年の農業恐慌の体験を持ったか持たないかのちがいであったろう」

歴史的視点を欠くノンフィクションは、たとえどんなにおもしろくても、読者の胸に食い込まないことを『たいまつ十六年』は教えている。一〇一歳まで生きたむのは、「国境というのは、国家が勝手につくったものにすぎません。その国家ができてから、戦争というものが始まったわけです」と喝破し、戦争をなくすためには国をなくすことだ、と断言している。

65 『後藤田正晴』

保阪正康 著

むのたけじより一歳上の後藤田は良質の官僚として、むのと同時代を生きてきた。「軍人は好かん」と言っていた後藤田は、すでに旧制水戸高校時代に「五・一五事件」での青年将校の行動を批判している。本書によれば、「義挙だ」と考えた級友の古村幸一郎が「この事件は、国を想う軍人や農民が一途な気持でやったことだ。彼らは立派だ……」と興奮して言うと、後藤田は、

「おまえ、何をいっているんだ。海軍の軍人が、昼日中軍服を着たまま首相官邸に侵入して、首相を殺害することが、なんで立派な行動なんだ。そんなことが許されると考えるほうがおかしい」

とピシャリとはねつけ、古村が、「行動は確かにそうかもしれない。でも動機は純粋なのだから、おおいに推奨すべき行動だ。その純粋さを認めなければ……」と食い下がると、「とんでもないことというな。動機はわからんでもない。でも彼らの行動はまったくの誤りだ。あんなの認めるわけにはいかん」と却下した。

「動機は純粋ではないか。現下の情勢は疲弊そのものだ。農村には食えない連中がいっぱいいる。僕は長野県出身だけど、農村はめちゃめちゃだ。誰かが救わなければいけないときなん

だ」

古村が負けずに言い募ると、後藤田は、「だからといって、首相を殺していいのか。法を破っていいのか」と返す。激しい言い争いは、教室に教師が入って来るまで続いた。

「護民官」となる後藤田にとって、秩序、あるいは法秩序が優先すべきものだったのだろう。そのために平和が尊重されなければならなかった。のちに旧内務省の後輩の中曽根康弘に望まれて官房長官になった時、首相の中曽根がイラン・イラク戦争の渦中のペルシャ湾に自衛艦を出したいと言うのに、真っ向から反対した。

「その海域へ日本が武装した艦艇を派遣して、タンカー護衛のための正当防衛だと称しても、相手にすればそれは戦闘行為に日本が入ったと理解しますよ、イランかイラクどちらかがね。そこで俺は自衛だと言ってみても、それは通りますか」と説いた、さらに、「あなた、これは戦争になりますよ。国民にその覚悟ができていますか、できていないんじゃありませんか、憲法上はもちろん駄目ですよ」と続け、「私は賛成できません。おやめになったらどうですか」と結論を言った。

それでも中曽根は引き下がらなかったが、後藤田はあくまでも反対して、中曽根にやめさせたのである。一歳上の「異色官僚」佐橋滋と共に後藤田は徹底した護憲派だった。

66 『医者 井戸を掘る』

中村 哲 著

軍事力が平和をもたらさないことを中村ほどリアルに証明している人もいない。なぜ、アフガニスタンで医者である中村が井戸を掘っているのか？「とにかく生きておれ！ 病気は後で治す」と言って、中村は井戸を掘ってきた。中村を立派な人と讃える声は充ち満ちているが、私は中村が賽の河原の石積みにも似た医療と井戸掘りをやりながら、「訳もなく悲しかった」と述懐する場面に共感した。その日が五四歳の誕生日だったというのである。

「こんなところでウロウロしている自分は何者だ、……ままよ、バカはバカなりの生き方があろうて。終わりの時こそ、人間の真価が試されるんだ……」

昆虫が好きで、虫の宝庫の山に登るようになり、アフガンへも最初、山岳隊員として行った。そして、昔の日本と同じじゃないかと思い、ホッとした。

中村はクリスチャンだが、儒教をベースとした儒教クリスチャンである。中村は「国際貢献」という言葉が嫌いだ、と言っている。自分たちのやっていることは「地域協力」だというのである。そこには平和憲法を改変しようとしている国家への不信感がある。中村は国会のテロ対策委員会に参考人として呼ばれ、自衛隊派遣は有害無益だと断言して、自民党議員らからの強烈なブーイングを受けた。しかし、悠揚迫らずといった感じで、その時のことをこう語る。

「テロ特措法で、バター味(米国)がしょうゆに入って来て、バターの側の敵までしょうゆが引き受けてしまったということでしょうね。日本というと、やっぱりアジア諸国の人にとっては大きな心の支えだというのは現地の人の通念だと思うんですよね。ところが、米国支援で、いろんな敵をつくってしまった」

私は中村のことを〝歩く日本国憲法〟だと言っていたが、日本人の世界観は欧米からの借りものだと語る中村は、それを次のように解説する。

「私たちがメディアで見聞きするアフガン像には、貧者の姿は映されていません。貧富のうち、富の声だけが届いている。富者のほうは流暢に喋り、国連職員に雇われ、NGOで幅をきかす。九九・九パーセントを占める貧しい人たちは、依然として病や死と隣あわせにあるわけです」

言うまでもなく、これはアフガンに限らない。中村たちは国連もNGOも行かない山間辺境の無医地区に足を運ぶ。

「皆がわっと行くところならば行かない。だれかが行くところは、だれかにまかせておけばいい。それよりだれもが行きたがらないところ、だれもがやりたがらないことをする。これが私たちの一貫した基本方針です」

はじめから使命感をもって途上国に関わらなくてもいいという中村の力まない姿勢がいい。

III 歴史を掘り下げる

67 『拝啓マッカーサー元帥様』

袖井林二郎 著

日本人論といったものをやりたくはないが、敗戦まもない占領期の日本人が連合国軍最高司令官のダグラス・マッカーサーに宛てた手紙を読むと落ち込む。推定五〇万通あるという手紙をワシントン・ナショナル・レコードセンターで発見した袖井はこの本にまとめた。

これらは自発的なだけに屈辱的である。しかし、各書評が筆をそろえて指摘したように、「当時の日本人はかくもみじめな存在であったのかと嘆きながらも、近来とみに傲慢になった国民へのいましめとして」読まれるべきなのだろう。

たとえば岐阜県会議長はこう書く。

「謹啓誠に申兼ね候へ共日本之将来及ビ子孫の為め日本を米国の属国となし被下度御願申上候。私の考へでは如何なる人物が大臣となり何人が政府を定めましても国民の事考へ呉れず。日本人は全部自己の為のみ考へます」

おそらく保守系の人だろう議長の「属国志願」である。

一九二四(大正一三)年に早稲田大学政経学部を卒業した人も次のように嘆願する。

「おそらく現在の日本国民は誰も彼も米日合併によりて何も彼も貴国に捧げて貴国の御慈悲

によりてこの日本国を再び繁栄に導くより他ないと口には言はずとも肚の底には懐いて居ることは疑ふ余地はありません。真に然り、私は貴国が枉げて日本を合併して下されることによりてのみ日本は救はれるのであると確《ママ》く信じます。（中略）終りに臨み日本国民は幸福です。（中略）日本国民は紳士的な進駐軍の皆様によつて絶大なる啓蒙を受けました。若しこれが貴国によりてでなく他国民によりてであつたなら斯様な幸福を日本国民は与へられなかつたでせう。罪深き日本であるのにそれを救つて下さるとは日本人の想像も及ばぬところでした」

この人も戦時中は〝鬼畜米英〟と叫んでいたに違いない。それが一転して、ここまで卑屈になってしまう。日本人に対して絶望的になるが、こんな手紙もあった。

「一、天皇は廃止すべきです／一、皇族や華族も廃止すべきです／一、戦争犯罪人は少くとも十万人はあるでせう　民間人にも多数あります／一、日本を永久に占領すべし／なるべくならば殖民地にして下さい　貴国兵が引揚げれば再び悪者達が人民を苦しめます　徹底的に各界の首脳部をやつつけて下さい」

すべては他力本願である。情けなくなるが、ある中学教師は、「平和国家建設を祝って、マッカーサーの記念碑と銅像を宮城前広場に建立したい」と書いた。寄付金を集めて実行しようと思うのだが、許可していただけるであろうか、と真面目に問いかけている。日本人についてのこの「第一級の資料」はアメリカではGHQ文書の一部として公開されているという。

68 『密約』

澤地久枝 著

この国の人間は「いい人」と呼ばれたがる。しかし、「いい人」とは「だまされやすい人」であり、「だまされるほど自分はいい人だ」と思いたがる人でもある。そして「いい人」は結局「どうでも」がつく「いい人」になる。

なぜ私がそんなにムキになって「いい人」を排撃するかと言えば、「いい人」とは、あの外務省機密漏洩事件をスッパ抜いた『毎日新聞』元記者の西山太吉を、「情を通じて」の取材はやはり問題があったと非難して、国家が国民をだましつづけている罪を忘れる人であり、小さなモラルにこだわって、大きな悪を見逃しつづける人だからである。そんな「いい人」は、『読売新聞』のワンマン、渡邉恒雄よりも害がある。部長だった渡邉が、東京都知事の美濃部亮吉らと共に証言台に立った、とある。澤地は、検察が「情を通じ」という表現をしたことに腹が立ち、「情を通じ」たことと国民を欺いた政治責任が同じ秤に乗るのなら、自分は「正義を愛する無頼漢」になるしかないと熱くなったという。

「いい人」はここまで熱くならない。

もっと早い段階で、「情を通じ」はいけないわ、と国民を欺いた政府への怒りを消してしまう。

この事件は、西山にとっては不本意かもしれないが、「どうでもいい人」か「賢い非聖人君子」かを分ける格好のリトマス試験紙となった。

澤地が指摘するように、「沖縄(返還)密約」で被告席にすわるべきは佐藤(栄作)内閣で、裁くのは国民であるべきだったのに、「いい人」が多数のこの国の人間は、西山とその情報源だった外務省の女性事務官を被告席にすわらせてしまった。

多くの「いい人」の中には、いや、むしろ代表には、参議院議員だった市川房枝がいる。市川は『朝日新聞』に寄せたコメントで、西山の取材の方法が「女の人を脅迫するみたいなやり方で、卑劣だった」と発言した。政府の露骨なすりかえ劇にのせられて本質を見失ったのである。それに澤地は怒った。

「大先輩に対して失礼とは思うが、政治家としての市川房枝氏には、もっとことの本質を透視する眼をもっていただきたかった。氏の発言のマイナス効果は、市川さん自身が考えておられるよりはるかに大きいはずである」

澤地以外には言えない、痛烈な指摘である。

一九七二年に起こったこの事件については、山崎豊子がフィクションをまじえて『運命の人』(文春文庫、全四巻)という作品にした。事件から三〇年余り経ってである。西山太吉は山崎作品では弓成亮太となっている。TBSでドラマ化され、モッくんこと本木雅弘が演じたから覚えている人も多いだろう。

69 『国防婦人会』

藤井忠俊 著

慈善と偽善は一字違いである。暇をもてあました上流婦人たちは「いいことをしましょう」という無自覚な目的意識で愛国運動にまで精を出す。しかし、より中流、下流に近い人たちの方がエネルギーをもっていて、上流婦人たちのそれを凌いでいくということをこの本で知った。いわゆる学者ではなく、「一介の民衆史研究者にすぎない」と謙遜する著者のこの本は、すこぶるつきに興味深い。

副題が「日の丸とカッポウ着」。いまはほとんど見かけなくなったが、ある時期まではアレが母親のユニフォームだった。たとえば、壺井栄原作で木下恵介によって映画化された『二十四の瞳』では、ヒロインの高峰秀子らがカッポウ着にタスキ姿で登場する。出征する兵士を送る場面で、タスキには「大日本国防婦人会」と書いてある。もちろん、旧字でである。

戦時中に「愛国婦人会」と「国防婦人会」の二つの組織があった。まず、満洲事変の翌年に大阪国防婦人会が誕生する。大阪防空献金運動開始直後の一九三二(昭和七)年だった。発起人は安田せいで、すでにカッポウ着にタスキ姿である。その詳細な歩みは割愛するが、注目すべきは先行していた組織「愛国婦人会」との違いである。愛婦本部発行の『愛国婦人読本』に、愛国婦人会に対して次のような非難があったと書かれている。

一、愛国婦人会は一部上流婦人や有産婦人の会合である。
一、白襟紋付でなければ出られない会である。
一、一般会員から金を集めるばかりで何もしない会である。

愛国婦人会は内務省の肝煎りで始められたが、国防婦人会は陸軍がバックについていた。若き日の市川房枝が『婦人公論』の一九三八年一月号で、その違いをこうまとめている。

「国防婦人会は、愛国婦人会が紋付羽織階級の婦人達の会で、大衆的ではなく、会の目的も軍事的後援よりも社会事業方面の色が濃くなって来た事に対しての、軍部の不満から産れたものだといって差支えないようである。従って愛国婦人会とはその創立当初から対立している訳で、愛国婦人会の欠点と思われる点に意を用い、大衆の婦人の獲得に努力した。エプロンを制服にきめたのも、会費を極めて低廉にしたのもその為で、その戦術は流石に巧妙なものであった」

そして愛国婦人会は、いつのまにか国防婦人会に吸収されていく。一九四〇年に政府は贅沢品の製造を禁止し、国防婦人会を中心とする婦人団体が街へ出て、「華美な服装はつつしみましょう。指輪はこの際全廃しましょう」といった警告カードを渡したが、これは愛国婦人会への〝警告〟でもあった。そして「ぜいたくは敵だ!」「欲しがりません、勝つまでは」という形で戦争に突入していく。

『国防婦人会』

70 『別れのブルース』

吉武輝子 著

副題が「淡谷のり子 歌うために生きた92年」である。一九六七年四月三日付の『ワシントン・ポスト』紙に「殺すな」と題したベトナム戦争反対の広告が載った。「ベトナムに平和を！ 市民連合」が企画したこの呼びかけの発起人に還暦の淡谷が名を連ねている。「あれは歌手ではなく、カスだ」と青森弁で斬り捨てる彼女の毒舌は、こうした社会派の反骨精神に裏打ちされていた。

ただ、彼女はすべてを社会や時代のせいにする自立心のなさを嫌った。こんなエピソードがある。テイチクのディレクターから、『星の流れに』をどうかと言われ、最後の「こんな女にだれがした……」という歌詞が厭だからと断った。戦後初のレコードなので吹き込みたかったのだが、体を売るパンパンがふてくされて他人のせいにしているようなのがガマンならなかったのである。夜の女になったのは軍国主義者たちが戦争をしたからではないかというディレクターに彼女はこう言い返す。

「それを戦争中に言ってほしかったわ。戦争中は軍国主義に媚びて協力したくせに、いまになって戦争反対者みたいな顔をするなんて、それこそずるい人間のやることよ」

これは夜の女たちだけに向けられるべきセリフではないが、このために淡谷はテイチクに居

『別れのブルース』

づらくなり、日本ビクターに移籍する。

戦時中の彼女のじょっぱり(青森弁で意地っ張り)は並みではなかった。国防婦人会などが「ぜいたくは敵だ!」として、ドレス姿にハイヒールの淡谷を責めても、盆踊りじゃあるまいし、モンペをはいてシャンソンやブルースが歌えるか、と一向にやめようとしない。遂には憲兵隊本部に呼び出されたが、女の服装をとやかく言うより、戦争に勝って下さい、と切り返した。淡谷の『雨のブルース』は頽廃的で戦意を昂揚させないとして発売中止になったが、構わず戦地で歌った。ヒットしたそれを兵隊たちが盛んに歌ってほしいと望んだからである。生来の反抗心も手伝って、彼女は思いっきり歌った。

「すると、演芸係の将校さんがスーッと席をはずす。立場上見て見ないふりなんでしょうけど、その将校さんたちも、窓のかげに隠れてそっときいてるんです。戦争中の忘れられない思い出です」

舞台では泣かないことにしている彼女が、涙が止まらず歌えなくなったことがある。平均年齢一六歳の特攻隊員たちが、歌の途中で、次々と敬礼をして死出の旅へ飛び立っていった時だった。歌謡界の御意見番として文化功労賞ぐらいはと問われた淡谷はこう答えている。

「もらえませんね。不良だから。国民栄誉賞もアカだからってダメでしょ。でも、演歌歌手と一緒なものはいらないわ」

71『天皇陛下萬歳』

上野英信 著

「爆弾三勇士序説」が副題のこの本は、三勇士の一人の妹に宛てた必死の問いかけの手紙から始まる。取材への拒絶に対して、それでも書かざるをえないと著者は訴えるのである。

「戦場であれ、炭鉱であれ、日本人であれ、朝鮮人であれ、〈いわれなき死〉の煙のたちのぼるところ、そこにかならず〈天皇〉はたちあらわれるのです」

同じく〝軍神〟ともてはやされながら、乃木神社や東郷神社はあるのに、三勇士の神社がないのはなぜなのか？　また、三勇士の一人が被差別部落の出身という噂について「三勇士であるがゆえに、一層口汚く辱められなければならなかったという事実そのものの中に、部落差別のもっとも残忍醜悪な本質がむき出しにされている」と著者は書き、この噂についても、三勇士こそ部落のうちに向かっては逆に差別を煽って殉国精神を強調する武器として活用されたと指弾する。巧妙なる使い分けの〝教科書〟だったのである。

著者に師事した松下竜一の『風成の女たち』(現代教養文庫)という作品がある。風成とは大分県臼杵市の小漁村の名前で、ここに市長が住民の意向を無視して大阪セメントという公害企業を誘致しようとし、それに怒った漁村の女たちが立ち上がった。処女作が『豆腐屋の四季』(講談社文芸文庫)である松下は、もともとは「運動なんていうことは実に大嫌いな人間」だったが、このルポルタージュ第一作で、当事者から絶版回収を迫られる。動揺する松下に上野はこう言ったという。

「君ねえ、そんなことぐらいでうろたえるのなら、今後記録文学はやめたまえ。ぼくなんか炭坑の荒くれ男たちのことを書いているんだから、いつも闘いだよ。それこそドスを持って乗り込んで来る者だっているんだ。きさん、またおれんことば書いちくれたなといって、枕元にドスを突き立てたりするんだ。——命を張らずに記録文学がやれるなどとは、思わないことだな」

『追われゆく坑夫たち』や『地の底の笑い話』(ともに岩波新書)の著者、上野英信のこの土性骨に、松下は背筋を正され、絶版要求と正面から対決して、遂に風成の人々の理解を得た。

「殊に時代の暗部を掘り起こそうとする仕事であればあるほど、その関係者によって歓迎されるなどという例は、むしろ稀有としなければならないだろう。ドスを突きつけられても「書く」という、上野英信の言に誇張はない」と松下は『追悼上野英信』に書いている。

幻の満洲建国大学に学んだ上野の血の気の多さは、息子に、中国赤軍の将軍・朱徳にあやかって朱と名づけたことにも表れている。毛沢東でも周恩来でもなく、豪傑、朱徳なのである。

しかし、上野は建国大学時代のことを黙して語らなかった。

72 『あの戦争から遠く離れて』

城戸久枝 著

「あの戦争」が終わってから、すでに七五年経っている。しかし、その影は消えることなく現在まで尾をひいている。一九四五年に生まれた私より四つ上の城戸幹は、旧満洲(現在の中国東北部)で敗戦を迎え、想像を絶する過酷な人生を生きる。著者はその娘である。ソ連(現ロシア)軍の侵攻によって難民と化した四歳の幹は、牡丹江は江東から頭道河子へと向かう舟の中で日本語で泣いていた。それを見とがめた中国人が、「うるさい！　なんだ、この坊主は？　日本人じゃないか！　日本人なんかこうしてやる」と言って川へ投げ入れようとした。

「いくら日本人だといっても、子供には何の罪もないじゃないか。ほら、こんなに泣いている。この子は私が連れて帰るんだ。どうか許してやってくれ」

頼まれていた男の言葉に彼は渋々手を放す。しかし、そのとき、幹は自分の名前さえわからなかった。幹を引き取って育てたのは村の自警団長の娘、付淑琴である。彼女は知人に相談して幹に「孫玉福」という名前をつける。最初、この子は笑顔で話しかけても、不安気な表情で泣くばかりだった。日本語のわかる中国人が、「何か食べる？」と聞くと、パタッと泣きやんで頷いた。それから二十有余年、養母は実母に優るとも劣らぬ愛情をもって育てる。文化大革命でその頂点に達するが、「日本人」であることは仇敵視される環境の中で、彼女はそれに屈することなく育てたのである。

しかし、日本の両親に会いたいという思いは消すことができなかった。彼が最初に日本の赤十字への手紙を出したのは一九五九年の秋である。宛名を「日本　東京　紅十字会」とした。赤十字を中国では紅十字という。

「私は第二次世界大戦の日本孤児です。私の家は勃利にあり、父は軍服に線二本と星一つが付いた軍人で、母は丸顔でした。私の下には妹がいたように思います。林口で爆撃に遭い、みんなと離れてしまいました。四、五歳のときです。私はいま中国で、中国人の親に育てられてがんばっていますが、どうしても産みの親に会いたい。どうぞ探してください。お願いします」

それから曲折があって彼は一九七〇年に日本に帰る。この作品は『遥かなる絆』と題してドラマ化され、NHKで放送されたが、玉福と養母の淑琴の別れの場面について城戸幹はこう語っている。

「ドラマでは、「玉福帰らないで」って言ってるんです。でも実際は、そうじゃないんです。何回も泣いて、泣いて。最終的には、気絶寸前になって、目を開けて、「早く行け」と。「早く行けや」と。その言葉なんですね。だからなおさらつらいですね……」

絞りだすように振り返ったのである。

73　『ヒロシマ・ノート』

大江健三郎 著

一九九八年に出た岩波書店編集部編『岩波新書をよむ』(岩波新書)では私を含めて四人が『ヒロシマ・ノート』に触れている。中でもジャーナリストの増田れい子は「私の人生におけるガイドブック」として、原田正純の『水俣病』、吉見義明の『従軍慰安婦』とともに、『ヒロシマ・ノート』を挙げ、この三冊は「強烈に私をゆさぶり、生きる勇気を与えてくれた」とする。

大江は土門拳の写真集『ヒロシマ』に触発されて、これを書いたといわれるが、何度かヒロシマを訪れた大江が語るのは「人間の威厳について」である。たとえば、被爆者で奇型児を生んだ若い母親は、自分の産んだ赤んぼうをひと目なりと見たいと望んだが、その願いはかなえられなかった。そのとき彼女は、あの赤んぼうを見れば、勇気が湧いたのに！　と嘆いたという。

「死産した奇型児を母親に見せまいとした病院の処置は、たしかにヒューマニスティクであろう。人間がヒューマニスティクでありつづけるためには、自分の人間らしい眼が見てはならぬものの限界を守る自制心が必要だ。しかし人間が人間でありうる極限状況を生きぬこうとしている若い母親が、独自の勇気をかちとるために、死んだ奇型の子供を見たいと希望するとしたら、それは通俗ヒューマニズムを超えた、新しいヒューマニズム、いわば広島の悲惨のうちに芽生えた、強靭なヒューマニズムの言葉としてとらえられねばならない。誰が胸をしめつけられないだろう？　この若い母親にとっては、死んだ奇型児すら、それにすがりついて勇気を恢復すべき手がかりだったのだ……」

大江はこう書き、一九六五年の時点ですでに、「地球上の人類のみな誰もかれもが、広島と、そこでおこなわれた人間の最悪の悲惨を、すっかり忘れてしまおうとしている」と指弾している。大江は、原爆病院院長の重藤文夫に、いかなる権威とも無縁な人間の威厳をシンボリックに見出しているが、重藤は自らも被爆者でありながら、自転車で廃墟をかけまわって医療と研究を続けてきた。そもそも原爆病院は政府とは関わりなく、広島日赤病院に配分された年賀はがきの利益金によって建設されたものである。

「限界状況の全体の展望について明晰すぎる眼をもつ者は、おそらく絶望してしまうほかないだろう。限界状況を、日常生活の一側面としてしか、うけつけない鈍い眼の持主だけが、それと闘うことができるのである」

この「鈍い眼」は屈することのない忍耐心と「灼けるように激しい明察」によって支えられているのだ、と大江は喝破しているが、学生時代に読んで以来、私は何度この一節を口ずさんだかわからない。そして励まされてきたのである。学生時代、私は大江より、むしろ開高健のファンだった。しかし、いま心に残っているのは大江の作品である。

74 『原爆供養塔』

堀川惠子 著

『教誨師』で第一回城山三郎賞を受けた著者のこの作品は、第四七回大宅壮一ノンフィクション賞と第一五回石橋湛山記念早稲田ジャーナリズム大賞を受賞している。副題が「忘れられた遺骨の70年」。著者ほど「忘れられた」事物を掘り起こすのに適した人はいないだろう。倦むことなく確かな歩幅で追いつづける。今回は、広島の平和記念公園の片隅にある「土饅頭」の物語である。「原爆供養塔」が正式名称のこの土饅頭の守り主のような人が佐伯敏子。著者はこうたしなめられたりもした。

「あんた、元気なのはええけどね、ここはソオッと歩かにゃあいけんよ。まだ大勢の人が眠っておられる場所なんじゃから」

この塔の地下室におよそ七万人の遺骨が眠っている。それを佐伯は遺族のもとへ届ける旅を続けてきた。迷惑がられて拒否されてもである。二〇一七年一〇月三日に九七年の生涯を終えた佐伯はその旅でさまざまな体験をした。娘さんの名前が書かれた遺骨がありますと伝えると、ようやく出てきた父親と思われる人は、吐き捨てるように「そんなものは、いりません」と言った。「ええっ、またどうしてですか」と尋ねる佐伯に、彼はこう声を張り上げたという。

「わしはの、ピカが落ちた後、必死に娘を探して歩いたんよ。何日も何日も、それでも遺骨は見つからんかった。娘と同じ職場の人が、まあ言うてみれば誰の骨とも分からんもんじゃが、うちの娘の分だということで小さい骨のようなのをくれたんです。それでわしは納得して帰った。それを娘と思うて、これまで生きてきました。今さら、新しい骨は要らんのです」

佐伯は元気なころから「平和公園」という言葉を使いたがらず、「地獄公園よ」と言っていたという。いわば、死者たちと共に生きてきた佐伯の言葉は重い。

「生きている人はね、戦後何年、何年と年を刻んで、勝手に言うけどね、死者の時間はそのまんま。あの日から何にも変わってはおらんのよ。年を数えるのは生きとる者の勝手。生きとる者はみんな、戦後何十年と言いながら、死者のことを過去のものにしてしまう。死者は声を出せんから、叫び声が聞こえんから、みんな気付かんだけ。広島に歳はないんよ。歳なんかとりたくても、とれんのよ」

第八章は「生きていた〝死者〟」で、原爆供養塔に安置された引き取り手のない遺骨の本人の所在が判明し、実は戦後生きていたというミステリーのような話である。著者は納骨名簿に記されていたその「田中光枝」を知る人を訪ねる。生前、田中はこう語っていたという。

「私の名札のついた下着を着て、被爆して亡くなって、それで私が死んだことになってしまった。でも、そんなことを言うと、その人が泥棒扱いされるでしょう」

下着を入れた鞄を盗まれた彼女はそう言ったのだった。

75 『逆転』

伊佐千尋 著

故翁長雄志沖縄県知事が現知事の玉城デニーと並んで後継を託した呉屋守将金秀グループ会長が、『週刊東洋経済』の二〇一九年二月二三日号で「沖縄経済自立の足を引っ張るのは誰か」について語っている。建設土木や食品スーパーに携わる呉屋は、自らが候補となることは辞退し、玉城の後援会長となった。呉屋はズバリとこう指摘する。

「沖縄経済を自立させまいとする政府の意思を感じている。沖縄の民間経済は弱ければ弱いほど、政府の補助金の重みは増す。下手に経済力をつけて物を言うようになっては困る、というのが政府の本音ではないか」

国の安全保障について問われての呉屋の次の答えも明快である。

「独特の歴史や文化、風土を味わおうとアジアから多くの人が沖縄を訪れている。これが沖縄観光、沖縄経済の原動力になっている。ここでアジアの人々から信頼されることは、日本の安全保障にも資している。米国から高額の軍装備品を言われるがままに購入することだけが安全保障ではないはずだ」

呉屋は「辺野古の基地建設に反対しているのは革新系だけではない」ことを示すために、県民投票を実施すべきだと主張し、その実現に尽力した。しかし、反対の民意がハッキリと出たのに政府は基地建設をやめようとはしない。これまでも沖縄の意思は無視されつづけてきたが、今回はあからさまな拒絶である。沖縄の怒りはさまざまな形で噴出してきた。その一つを描いたのがこの作品である。

一九六四年八月一六日付『琉球新報』の夕刊に「米兵二人を殺傷、普天間、沖縄人四人が乱闘」という見出しで、次のような記事が掲載された。

「一六日午前三時ごろ、宜野湾市字普天間の市消防署裏で米兵二人と沖縄人数人が乱闘。米兵一人は死亡、一人は重傷を負った」

次いで八月一八日付の『沖縄タイムス』が「米兵殺し犯行自供、マリン兵がしかえしの噂」と報じる。容疑者の沖縄の青年四人はまもなく逮捕され、彼らは犯行を認めた。当時、沖縄は陪審制を採用していた。著者の伊佐も陪審員に選ばれ、青年たちに重罰を科そうとするアメリカ側の陪審員が多数を占める陪審評議で「逆転」にこぎつける。

ともあれ、沖縄のタクシー運転手の次の声は悲痛である。

「日本は僕たちを生んでくれた生みの親かもしれないけれど、里子に出したまま僕たちのことはほったらかしでしょう。アメリカさんは、基地と労働力が欲しいだけで、住民を虫けらとしか思っていません」

76 『不死身の特攻兵』

鴻上尚史 著

二〇一六年二月九日、札幌の病院で佐々木友次という人が亡くなった。九二歳だった。佐々木は「九回特攻に出撃して、九回生きて帰ってきた」人である。北海道の当別町にある佐々木の墓には次のように書かれているという。

「哀調の切々たる望郷の念と／片道切符を携え散っていった／特攻と云う名の戦友たち／帰還兵である私は今日まで／命の尊さを噛みしめ／亡き精霊と共に悲惨なまでの／戦争を語りつぐ／平和よ永遠なれ」

一九二三年生まれというと遠い昔の人のように思う若者もいるかもしれないが、一歳下が元首相の村山富市である。長い眉毛の村山は健在だ。

作家で演出家の鴻上は二〇〇九年に佐々木のことを知り、二〇一五年に「奇跡のような偶然」で佐々木と会った。そのインタビューが第三章に載っている。特攻は死ぬことが前提だった。何度も還ってくる佐々木に、参謀がこう告げる。

「佐々木伍長に期待するのは、敵艦撃沈の大戦果を、爆撃でなく、体当たり攻撃によってあげることである。佐々木伍長は、ただ敵艦を撃沈すればよいと考えているが、それは考え違いである。爆撃で敵艦を沈めることは困難だから、体当たりをするのだ。体当たりならば、確実に撃沈できる。この点、佐々木伍長にも、多少誤解があったようだ。今度の攻撃には、必ず体当たりで確実に戦果を上げてもらいたい」

すでに〝軍神〟となった佐々木が生きていては困るのだった。佐々木はそれにこう答えている。

「私は必中攻撃でも死ななくてもいいと思います。その代わり、死ぬまで何度でも行って、爆弾を命中させます」

何度目の帰還の時か、司令官が軍刀の柄を両手でつかんで、佐々木に言った。

「きさま、それほど命が惜しいのか、腰抜けめ!」

佐々木は怯まず、静かに答えた。

「おことばを返すようですが、死ぬばかりが能ではなく、より多く敵に損害を与えるのが任務と思います」

一九四五年八月一〇日の御前会議でポツダム宣言の受諾が決定されたが、軍部は最後まで降伏に反対した。神風特別攻撃隊の産みの親の大西瀧治郎(中将)は「今後二〇〇〇万の日本人を殺す覚悟で、これを特攻として用うれば、決して負けはせぬ」と主張したという。愚かな指導者の下で若者の血が流される。佐々木より四歳下で一七歳で海軍に〝志願〟した城山三郎が、特攻は志願でない、当時の国家や社会が志願と思わせた強制だった、と繰り返し語っていたのが忘れられない。その詳細は拙著『城山三郎の昭和』(角川文庫)に譲りたい。

77 『米軍ジェット機事故で失った娘と孫よ』

土志田勇 著

一九七七年九月二七日午後一時過ぎ、横須賀の米軍基地から出航する空母ミッドウェーを追って、厚木基地から飛び立ったファントムが横浜市緑区荏田町（現在の青葉区荏田）に墜落し、五棟の家屋が全半焼するなどして、九人の死傷者が出た。この本はこの事故によって娘と二人の孫を失った著者の痛恨の手記である。

早乙女勝元原作のアニメ絵本『パパ ママ バイバイ』（草土文化）では、三歳のユー君と一歳のヤス君という二人の孫はこのように描かれている。

「痛いよ……熱いよう」

全身包帯に巻かれたユー君は苦しさに暴れ、「お水ちょうだい……ジュースちょうだい」と繰り返した。

「いまは、あげられないんだよ……お水飲むと、もっと苦しくなるのよ」

泣きながら、こう言わなければならなかったおばあちゃんの辛さはいかばかりだったか。

「パパ……ママ……バイバイ」

まもなく、こう呟いてユー君は亡くなり、ようやくカタコトが言えるようになったヤス君はユー君の後を追って、「ポッ……ポッ……ポッ……」と鳩ぽっぽの歌を歌いながら亡くなった。

この時、米軍の飛行士二人は無事に落下傘で降り、何の罪も受けずにアメリカに帰った。米軍は事故原因の証拠品であるエンジンなどをすばやく基地に運び、日本の警察などにはまったく手を触れさせなかった。それどころか、海上自衛隊のヘリコプターは米軍飛行士の救助を真っ先にやり、事故の負傷者は無視したのである。米軍の基地が集中している沖縄でも、よく墜落事故が起きるが、住民の命を犠牲にして、米軍や自衛隊は何を守っているのか。

著者の娘で二人の孫の母親の和枝は体の皮膚の八割近くも焼かれ、六〇回もの手術を繰り返して何とか命をとりとめた。しかし、最初は隠されていたわが子の死を知った悲しみは想像を絶するものがある。すさまじい彼女の闘病生活を支えた夫に彼女はこう言ったという。

「パパ、私もカーター大統領(当時)からファントムを一機もらおうかしら。そしてアメリカにそれを落としてやるの」

その後、彼女は精神のバランスを崩し、夫とも別れることになる。そして土志田姓に戻った彼女は、米軍に対して無力な国を強く批判する。そんな彼女が三一歳の短い生涯を終えたのは一九八二年一月二六日、鉄格子のある病院でだった。

日本航空の機長をした信太正道は、ちょっと飛べばすぐに海があるのにパイロットは自分だけは助かろうとパラシュートで脱出したのだろうと言っている。広島、長崎に原爆を落としたパイロットと同じように、そこに日本の市民が住んでいるという感覚はないのである。

78 『日航123便　墜落の新事実』

青山透子 著

群馬県上野村の御巣鷹の尾根に日航ジャンボ機が墜落してから三五年である。その三三回忌の二〇一七年に衝撃的なこの本が出て、驚異的な売れ行きを見せた。被害者の無念が忘却を許さないという執念となって、多くの読者を獲得したとしか思えない。

著者は、自分もあの一二三便に乗っていた可能性のある元客室乗務員である。先輩や同僚の死を背負うように、著者は次々と、単なる事故として片づけられたあの「墜落」にさまざまな疑問を突きつける。当時の首相は中曽根康弘で防衛庁長官は加藤紘一だった。運輸大臣が山下徳夫。著者は『中曽根康弘が語る戦後日本外交』(新潮社)から、次の一節を引く。

「日航ジャンボ機墜落の報告が私に届いたのは、軽井沢から東京に戻る列車の中で午後七時過ぎでした。それで、八時頃から首相官邸の執務室に入って、即時に色々な報告を受けたし、こちらから対策の指令も出した。国民に対して政府の正式見解を出すのは、事態の調査に遺漏のない状態で、万全を期してから発表しなくてはいかん、それまでは、私に留めて、私が合図するまでは公式に発表してはならんと指示しました」

そして、事故現場の情報が二転三転したことについては、「実際、静岡に落ちたとか、群馬

『日航123便 墜落の新事実』

県に落ちたとか、情報がずいぶん迷走していました。米軍もレーダーで監視していたから、当然事故については知っていました。あの時は官邸から米軍に連絡は取らなかった。しかし、恐らく防衛庁と米軍でやり取りがあったのだろう」と語っている。

しかし、著者も指摘するごとく、首相の知らないところで「防衛庁と米軍でやり取りがあった」のなら、これは大問題だろう。また、「私が合図するまでは公式に発表してはならん」とわざわざ指示したというのも、逆に何か隠さざるをえないことがあったのではないかと疑わせる。しかも、墜落現場については、群馬県上野村の村長、黒澤丈夫が政府や県に連絡し村民もNHKに電話をかけたのに、長野県と報道されていた。

そうした事実を踏まえて著者は、事故機をファントム二機が追尾していたことなどの「隠蔽工作にはある程度の時間がどうしても必要だった」と推測する。そして、報道関係者のトップも何らかの指示を受けていたか、あるいは知らないままに自衛隊から来る情報を鵜呑みにしていたのではないか、と続ける。日本航空も然りである。さらに「完全炭化した遺体から推測できることとして、ガソリンとタールを混ぜたゲル化液体を付着させる武器を使用した可能性があり、「墜落直前に赤い飛行機と思われたただ円や円筒形に見える物体を目撃した人がいる」ことから、武器を持つ自衛隊や米軍の関与を示唆している。言うまでもなく、東京の空の大部分は米軍が支配している。

79 『ルーズベルトの刺客』

西木正明 著

戦時中とはいえ、驚くべき計画が進行していた。当時のアメリカ大統領、ルーズベルトを暗殺する計画である。それも、自ら直接手を下すのではない。安住の地を求めるユダヤ人に、もしそれに成功したら、満洲の一部を与えると言って、大日本帝国陸軍はその計画を遂行しようとした。

魔都・上海に一人の日本人が密命を帯びて潜入する。〝元軍人〟の和田忠七である。上海ではマヌエラという日本人舞姫が社交界の花形となっていた。その呼び名が示すように日本人であることは隠されている。のちにマヌエラと和田が結ばれる。彼を上海に送り込んだのは、陸軍参謀本部第八課、別称戦略課の課長、影佐禎昭だった。影佐は和平工作を行ったユニークな軍人として知られている。当時、上海にはナチスに追われたユダヤ人が続々と逃げて来ていた。マヌエラにダンスを教えるパスコラもその一人だった。そしてマヌエラは、上海のショー・ビジネス界の大立者、ミルズに見出され、一流のナイトクラブ「デディーズ」に紹介される。

しかし、白人の支配人はマヌエラこと山田妙子をつまみ出した。怒って電話をしてきたミルズに彼はこう怒鳴り返す。

「一九三七年七月に日本が支那を侵略してこのかた、ウチはジャップはいっさいオフリミットなのを、あなたも御存知でしょう？　従業員はもちろん、客だって中には入れないんです。だから、日本人のミス・マヌエラにお引取り願ったのは、ウチとしては当然の措置なんです」

何を根拠にマヌエラが日本人だと言うのか、とミルズは食い下がったが、嘲笑され、「きさま、誰に向かってそのせりふを吐いたか、よく覚えておけよ」と言って電話を叩き切った。

ところが一年も立たずして、デディーズの社長が花束を持ち、ミルズのもとに出演依頼に訪れる。電話で、どうするかを聞かれた妙子は、こう言う。

「社長さんのお顔に、おもいきり一発、たたきこんでほしいの」

「あたしがあの時言われたように、ゲット・アウト・ヒアって……ここはお前なんかの来る所じゃないって言ってちょうだい！」

「工作実行班の訓練と送り出しまでを、主として日本側が担当し、アメリカでの工作実施を、現地の白人社会で目だたぬドイツ側が受持ちます。実はそのための作戦担当者がすでにベルリンから上海へ送り込まれています」

作中で陸軍大臣の東条英機に軍事課長の岩畔豪雄がこう説明する。しかし、結局、ルーズベルトは暗殺されることはなかった。反日という一点で共通する中国国民党のテロル機関、軍統のボス、戴笠が共産党に協力して、それを防いだからである。興味尽きないノンフィクション・ノベルの傑作だ。

80 『嘘つきアーニャの真っ赤な真実』 米原万里 著

私が米原に初めて会ったのは日本テレビの『知ってるつもり?!』でだった。ゴルバチョフについて語る番組で、私など、何にも知らないでよく出てきたな、と思われただろう。そのころ、私はまだ米原の恐ろしさを知らなかった。「恐ろしさ」とは、体験と知恵、そして、それから醸し出される「恐さ」ということである。大宅壮一ノンフィクション賞を受けたこの本を読んで、したたかにそれを知らされた。

「九条の会」事務局長で東大教授の小森陽一は、私との対話『誰が憲法を壊したのか』(五月書房)で、プラハの旧ソ連大使館付属小学校に通っていたころ、「万里さんがいたからサバイバルできた」と告白している。小森の父親は世界労働組合連合の日本代表で、米原の父親は世界の共産党の連絡機関の『平和と社会主義の諸問題』編集部に勤めていた。当時はソ連派なのか、ソ連修正主義を批判する側なのかで、各国は分かれていた。ソ連派が主流だから、中国派とみなされた国の子どもは差別される。小森もけっこう大変だったが、思春期を迎えつつある米原はもっときつかっただろうと小森は振り返る。子どもたちの生活に、いわば露骨に国が入ってくるのである。そうした子ども時代を経験した友人たちが、その後の世界の激動の中でどうなったか。まさに米原はそのドラマティックな人生を感動的に描いていく。

米原とは小泉純一郎が首相だった時に『週刊現代』で対談したが、ワーグナーが好きという点で小泉と共通するヒトラーに友人はいなかったという話になり、ふと思いついて私が、「スターリンはどうだったんですか」と尋ねると、米原は、「スターリンは友達を全員殺してしまいました」と笑って答えた。まさにズバリである。

米原と私の対談は拙著『君 今この寂しい夜に目覚めている灯よ』(七つ森書館)に収録されているが、小泉の日本がアメリカの戦争に協力することが本当にいやなんだ、と吐き棄てていた。

「アメリカのブッシュが戦争をやりたくて仕方ないのを、世界中が何とか押し止めようと努力しているというのに、尻尾ふってお役に立とうとしてる。これまでの日本は、表面では戦争に協力するふりをしながら、実際にはなるべく行かないようにしていたのに……。日本の憲法が貞操帯の役割を果たしていたでしょう」

小泉が首相である国民の一人でいることが恥ずかしいとまで言った米原は、その歌舞伎好きもバッサリ斬った。

「小泉さんは歌舞伎がお好きとか。つまり、様式美が好きなんですよ」

小泉とブッシュを安倍とトランプに置き換えれば、さらに「戦争をやりたくて仕方ない」勢力はその数をふやしていると言わなければならない。その前に米原は亡くなった。

81 『絢爛たる影絵』

高橋　治著

名作『東京物語』の監督として、没後なお〝世界のオヅ〟と呼ばれる小津安二郎は、一九三七(昭和一二)年に、「一寸戦争に行って来ます」と、友人への葉書に、ただそれだけを書いて中国戦線へ発って行った。出征する山中貞雄と彼を見送る小津との次の会話もまた印象深い。かつて助監督として小津に従いたことのある高橋によれば、「日本映画界が生んだ最も優れた」二人の監督は、こんな別離のやりとりをしたのである。

「死ぬなよ、山中」
「ああ」
「ああって、鉄砲のタマがとんできたらよけられるのか」
「さあなあ」
「忠義一途の兵隊になれるのかよ」
「なれるはずがないじゃないか」
「そうだろうな」
「卑怯未練な兵隊にならなれるぜ」

「卑怯未練で戦争に行くつもりか」

「仕様がないな。逃げようったって逃げられないし、一体どうなるのかね、小津ちゃん」

「俺に聞いたってわかるわけないだろう」

「小津ちゃんだったらなれるのかい、忠勇無双に」

「俺かい。怪しいもんだな」

山中というこの俊才が戦死したのを知って、小津は数日間まったく口をきかなかったという。寸鉄人を刺す諧謔の人の小津が無言のままだったのである。近くにいた人たちの絶妙の証言を織りまぜながら、小津作品はどのような背景から生まれたのかを、高橋は緊密に描いていく。そこから浮かびあがるのは、恐るべき才能たちの切り結びである。『彼岸花』『秋日和』と挙げれば、たいていの人は小津作品というだろうが、これは共に里見弴の原作だった。里見の兄が有島武郎である。貴田庄の『小津安二郎文壇交遊録』(中公新書)に一枚の写真が挿入されている。一九五一年に撮影されたもので「左から広津和郎、小津、志賀直哉、里見弴」とある。貴田によれば、『東京物語』は志賀の『暗夜行路』を意識した作品と考えられているらしい。

本書が『オール讀物』に連載されていた時の副題は「小説小津安二郎」だった。高橋によれば、「小説」をはずしたのは、「影絵」とそれが重複すると思ったからだという。何度読んでも新しい、ふるえのくるような快作である。

82 『極光のかげに』

高杉一郎 著

「中国残留孤児」の歴史と現在を追った『終わりなき旅』(岩波現代文庫)の著者、井出孫六が『毎日新聞』の「シリーズ私の新古典」で『極光のかげに』を挙げ、こう語っていた。

「マレンコフが消え、フルシチョフが失脚し、ブレジネフが死に、ゴルバチョフの名がようやく表舞台に現れてきたころ、わたしは富山房新書で『極光のかげに』に再会する機会にめぐまれた。そこに横たわる三五年ほどの時間のなかには、ポズナニの暴動があり、ハンガリーの動乱があり、プラハの春などというさまざまな世界史の波が押し寄せては返していたけれど、『極光のかげに』の鮮度は少しも失われることなく、しなやかな筆で描かれた収容所長のジョーミン少佐やミハイリュコフ中尉や女書記のマルーシャやらが、まだ油彩も乾かぬような姿で作品のなかから現われてくるのに、あらためて感動をおぼえただけでなく、ソルジェニーツィンが描くよりも早く、流刑の人の群れのなかに、ドイツ自治区を追われた男や生国を奪われたラトビアの女が死と向かいながら辛うじて生きている姿があるのに、私は、少なからず驚いたのである」

高校生だった井出は「暗鬱なシベリア抑留の状況を鮮烈に描きあげている」と思ったわけだ

『極光のかげに』

が、大学生の時に読んだ私は「やわらかな知性で書かれたソヴィエト・ルポ。読みすすませて飽きさせないのは、人を傷つけるために磨かれたのではない、やわらかな知性ゆえなのだろう」と日記に書き残した。

「一九四九年の九月に私はシベリアから復員すると、まる五年間にわたる夫の留守をまもって教師をしながら三人の娘を養っていた妻のところにころげこんだ。栄養失調のため身体はむくみ、精神も「おれはシベリア下番だからな」とふてくされるほどすさんでいた私は、日本の政治から瑣末な風俗にいたるまで目にふれるすべてのものに腹を立てていた。半年後、いくらか落着きをとりもどすと、私は発表のあてなどまったくないのに、妻と子どもたちが学校に出はらったあとの静かな時間をぬすんで、シベリアの思い出を書きはじめた。胃の中で醱酵しているものを、ともかく吐き出してしまえという考えであった。原稿用紙を買う金さえなかったので、妻が教師になるまえに自活の手段として洋裁塾をひらいていたときの広告ビラの裏面に自分で罫をひいた」

こうして生まれたこの記録は一九五〇年暮れに出版され、ベストセラーとなる。ところが、左翼の側からはソ連を暗く書きすぎていると激しく非難され、逆に、アメリカでは「ソ連に同情的でありすぎる」として、完成していた英訳の出版が見送られた。「権力の不吉な暗い面」と「民衆の底抜けの明るさ」が同時に描かれている作品である。

83『朝鮮と日本に生きる』

金　時　鐘著

金時鐘は詩人である。しかし、その表現手段としての言語を望まぬ日本語にするように強いられた。いや、大日本帝国支配下の朝鮮に於て金少年はむしろ望んで日本語を習得したのだった。そのため詩を書くにも複雑に屈折した感情を九〇歳過ぎた現在になっても捨てきれない。それは別として、金は「詩に対する期待や認識」が「うちの国」と日本では大分違うと語る。朝鮮では「詩人は本当のことを言う人。権力になびかず、時代の危機を予見できる人」であり、「一篇の詩で牢につながれたり、死刑にされたりする人がうちの国には時代の変わり目にいつもいた。だから民衆は、詩人はあってはならないことに絶対与しないという尊敬に似たものを早くから持って」いるとか。

金と対談したのは『俳句界』の二〇〇八年八月号でだった。そこで、俳句の季語は人の感性を統括するものであり、パターン化をもたらすと指摘し、「日本人は、雨はしとしとみたいな情感的な擬音語を使いますけど、何が春で何が春ではないと決めて、有形にも無形にも暗黙の心的秩序を作り上げてしまっている」と続け、こう批判した。

「ですから選挙をすればいつも政権与党に票が入る。ぼくはここには、日本の抒情という問題が下地にあるといつも思っています。国民的詩と言われる俳句・短歌をやっている人たちは、美しいものだとか、これはいいと思っているものに関して共通して同じものを感じ取っている。その人たちが日本の詩の絶対的多数を占めているということは、政権与党の絶対多数と重なり合っているということです。いながらにして体制側なんですね」

穏やかな口調での批判はさらに続く。

「短歌・俳句の基調をなしているのはだいたい自然賛美ですよ。本当の自然というのは高度経済成長の高まりに比例して損なわれてきているのに、です。自然がそれほどいいものなら大切にするはずなのに、自然があり余っているところほど過疎村になって住めなくなっている。それでいながら、わざわざ自然を求めて旅行して短歌・俳句をやっている」

根源的な批判だろう。金は国民学校四年の時、日本人の校長から、落ちていた荒縄を「これはおまえが落としたんだろう?」と問われ、「違います」と答えて鼻血の出るほど何度も平手打ちされた。最後に校長は「いいえと言え」と教える。以来、「いいえ」は骨身にしみついた特別な日本語となった。その時のことを金はこう振り返る。

「たしかに会話のなかでは、「いいえ」という打ち消しは丁寧語の中間的な柔らかさをもっているいい言葉です。相手の言い分をひとまず認めて、柔らかくいなすわけです。全否定をしない。相手の気を荒立てずにやんわりといなしてしまう」

しかし、朝鮮で育った皇国少年の金には、想像もつかない言葉だった。

84 『私戦』

本田靖春 著

本田靖春は骨の髄からのジャーナリストだった。本田はこの言い方を好まないかもしれない。新聞記者を略したブンヤという呼称こそ、本田にはピッタリだとも言える。両足切断、右目失明、そして肝ガンに大腸ガン……、それでもなお書きつづけた本田の記者魂は壮絶な自伝『我、拗ね者として生涯を閉ず』(講談社文庫)に余すところなく描かれている。

ノンフィクションは、とりわけ、誰が、何をどういう視点で書いたかが問われる。魯迅風に言えば、「墨で書かれたタワ言は、血で書かれた事実を隠しきれない」のである。「タブー」への挑戦が物書きの使命だと思うが、本田が『私戦』で描いた金嬉老の持ったライフルも、在日朝鮮人差別という消えないタブーにピタリと照準が合わされていた。本田の作品では、『誘拐』(文春文庫)をベストとする人も多い。篠田一士も『ノンフィクションの言語』(集英社)で、そう書き、『私戦』は「月並なプロテストをまぶした、一種の読み物」になってしまったと指摘している。しかし、私は篠田に与しない。

ヤクザを刺殺し、人質をとって静岡県の山奥にたてこもった金嬉老が、「てめえら朝鮮人は日本に来てろくなことしないで!」と自分を侮辱した刑事に謝らせようとする。この「日本国家」を向こうに回した『私戦』には、溶岩のようなすさまじい熱気がある。

「寸又峡で金のとった行動は、たしかに異常である。しかし、彼がその異常な行動に走ったとき、初めてそこに記者たちが殺到する異常さに、日本人の圧倒的多数は思いもいたらなかった」と本田は書き、そして、読者にも次のような鋭い刃を突きつける。

「大きく世の中をかえようとする心組みは初めから持たず、自分だけの小さな安定を次代にも慫慂《しょうよう》して、その結果、自己の矮小化にしかつながらない受験勉強に取り組む息子の背中へ、深夜、あたたかい毛布などを着せかけてやる日本の母親にとって、最後の下着を息子へ送って、死をうながし、それによって民族の誇りを彼とともに全うしようとしている朝鮮の母親の悲しみも怒りも別世界のものであるに違いない。しかし、そこまでこの母子を追い込んだのは、他でもない、われわれの社会なのである」

近年、はびこるヘイトスピーチを知ったならば、おそらく本田は悶死したに違いない。本田は『読売新聞』の記者で、のちに『話の特集』というユニークな雑誌を始める矢崎泰久とは同じ昭和八(一九三三)年生まれの記者仲間だった。矢崎は組合問題で『日本経済新聞』を追われ、『内外タイムス』という夕刊紙の記者をしていた。その矢崎が本田を、生き方を変えず、「酒を連日飲み、麻雀、競馬などのギャンブルを片時たりとも手離さなかった」と書いている。

85 『閔妃暗殺』

角田房子 著

いわゆるネット右翼の「ヘイト・メッセージ」はここまで来たのかと驚くような事件が『週刊朝日』の二〇一七年一〇月六日号に載っていた。

九月二〇日から一泊二日で天皇夫妻は私的な旅行に出かけ、朝鮮半島からの渡来人にゆかりのある埼玉県日高市の高麗神社に参拝したが、それを非難し、天皇と皇后を「反日左翼」とまで言う声がネット上にあふれたというのである。見当違いも甚だしい。九月二一日には『朝鮮日報』がこれを「高句麗の王子まつる高麗神社に天皇・皇后が初訪問」という見出しで「明仁天皇は日ごろから日本の過去について心から申し訳ないと考えて、韓日古代交流史にも関心が高いと言われている」と報じた。

ネトウヨはもちろん、多くの日本人は知らないか、知っていても忘れたい事件が一八九五年に起きた「閔妃《ミンビ》暗殺事件」である。この本は、その「朝鮮王朝末期の国母」虐殺を追っている。一八九四年の日清戦争に勝利した日本は朝鮮を思いのまま支配しようとしたが、それに抵抗したのが閔妃だった。そのため、公使の三浦梧楼を中心に日本の軍部が協力する形で、王宮に乱入し、閔妃を虐殺した。あえて虐殺と書くのは、よってたかって凌辱したといわれるからである。首謀者の三浦は事件後、「これで朝鮮もいよいよ日本のものになった」と上機嫌だったとか。こうした「事件」を、日本人は忘れても朝鮮人は忘れていない。

それからおよそ八〇年後の一九七四年八月一五日、韓国の大統領だった朴正煕の夫人が在日朝鮮人のピストルによって射殺された時、韓国人は「犯人を育て、ピストルを〝供給〟したのは日本だ」として激しく怒り、連日、日本大使館へのデモをかけた。そのとき彼らは口々に「日本はまたも国母を殺した」と叫んだのである。

一九二三年九月一日の関東大震災の時に起きた朝鮮人虐殺事件について、それを追悼するメッセージを、都知事の小池百合子は送らないことにして問題になった。小池の認識はネトウヨに近いのだろう。数年前に、在日朝鮮人キリスト者らがこの事件に対する日本の国会の謝罪決議を求める署名活動を始めている。関東大震災の混乱の最中、朝鮮人が暴動を起こしたというデマによって約六〇〇〇人の朝鮮人が虐殺されたといわれる。署名活動を推進した崔牧師は「ソ連(現ロシア)もカチンの森の虐殺を認め、ドイツもユダヤ人虐殺に対する補償を続けているのに、日本だけは謝罪するどころか事実の隠蔽に終始している。虐殺の事実は歴史の闇に葬り去られようとしており、日本の責任を明らかにするためにも、国の謝罪を求めたい」と語っている。

日本と日本人が朝鮮人に対して行った蛮行は中国人の対するそれをはるかに上まわるが、それを認めたくないという人間がいることは確かである。

86 『ディア・ピョンヤン』

梁 英姫著

北朝鮮には金正恩だけが暮らしているのではない。日本から〝帰国〟した多くの在日朝鮮人も暮らしている。若宮啓文著『闘う社説』(講談社)によれば、一九五九年一二月二四日の『産経新聞』に「暖かい宿舎や出迎え／細かい心づかいの受け入れ」という記事が載っている。第二次帰還船の帰国を迎えた彼の地の熱烈な歓迎ぶりを伝えたものである。現在は北朝鮮を叩きまくっている『産経』までがこのように礼賛する中で、著者の三人の兄も〝帰国〟した。それぞれ、大学生、高校生、中学生で、新潟港に送りに行った著者は当時六歳だった。彼女はこの本に「記憶を辿っていくと、誰もいなくなった埠頭の情景が、鮮明に蘇る」と書いている。

著者の父親は朝鮮総連の幹部であり、統制に従わない詩人の金時鐘や作家の梁石日を〝弾圧〟したこともある。それでも独特の愛嬌のあるこの父親と、北朝鮮に渡った兄たち(とその家族)のその後を著者がドキュメンタリー映画『ディア・ピョンヤン』に描いて、さまざまな賞を受けた。最初に〝帰国〟を希望したのは真ん中の兄だった。中学生の頃から、将来は建築家になりたいと言っていたが、日本にいては夢が叶う可能性は低いし、貧乏だから大学まで行けるかどうか分からない。また、もし行ったとしても就職差別が待っている。そう考えて玄界灘を渡った兄たちを訪ねて、彼女は高校二年生の時、学生代表団の一員として北朝鮮へ行った。新潟港を出た船が元山港に着き、平壌で一一年ぶりに兄たちと会って、彼女はほとんど泣くばかりだった。それを悔いつつ、大学四年生の時にまた平壌を訪れる。

クラッシックが好きだった長兄は、カラヤンが来日した時は聴きに行ったかとか、小澤征爾は聴いたかとか尋ねた。「そんなん、みんな見てたら、おカネがいくらあっても足れへんわ、兄さん(オッパ)」と言い返すと、一人の兄が、「そやったら、お父さん(アボジ)とお母さん(オモニ)が送ってくれたおカネから俺らがヨンヒに小遣いやるわ」と冗談を言った。

ケラケラ笑っていると、別の兄がしんみりと続ける。

「オマエ、自分がどういうところに暮らしているか、ぜんぜん分かってないな。オレらは観たくても、観られへんのや。ほんま、資本主義の日本で暮らす資格のないヤツやなあ。観に行けや。ヨンヒ、お前はオレらの分まで自由を謳歌する義務があるんやで」

彼女はこんな〝歴史〟を抱えているとは思えないほどに明るい。表面的には屈託のないアボジの血を受け継いでいるように見えるのだが、病床にあってもなお〝将軍様〟を敬愛してやまなかったアボジとは違って、彼女は「ピョンヤンは祖国でも革命の首都でもない」と語る。

それでもオモニと衝突したが、彼女は平壌再訪を朝鮮総連から阻止された。

87　『1★9★3★7』

辺見　庸著

表題の一九三七年は日中戦争が本格化し、南京大虐殺があった年だが、自分がその場にいたら、果たして中国人を殺さずにいられたかという問いを自らに突きつけ、記憶の墓をあばく試みに挑んだ辺見は「過去がげんざいに追いつき、げんざいを追いこし始めたのだな」と思う。

戦争に行って、あの人は変わったと妻に言われた父親にも辺見は問いかけ、ある時、酔った父が「朝鮮人はダメだ。あいつらは手でぶんなぐってもダメだ。スリッパで殴らないとダメなんだ……」と言ったのを思い出す。そして、こう述懐する。

「生前の父は戦争の景色について多くを語らなかったけれど、なんにせよ戦争の生き証人ではあった。父にはひとつのからだに同居してはならないもの、共存できないとされているものが、はしなくも同居していた」

しかし、辺見の父親のようには「変わらなかった」者もいる。たとえば昭和天皇であり、満洲国を「自分の作品」と言った岸信介である。しかも、彼らはそのまま戦後を生き、岸は復権して首相にまでなった。

「侵略戦争の最高責任者を、ニッポンという国のひとびとはけっしてみずから責問し、みずからの手で裁こうとはしなかった。なぜなのか。おかしい。実に奇妙である。社会学的にも歴史心理学的見地からも精神病理学的にもおかしい」

こう嘆く辺見は『もの食う人びと』(角川文庫)でJTB紀行文学大賞を受けた時、選考委員で辺見の受賞に強く反対した阿川弘之から、元慰安婦のことを書いた最終章はつまらない、と罵倒されたという。その後亡くなった阿川は文化勲章受章者だった。元慰安婦たちに、死にたきゃ死ねよ、と言えるような阿川に勲章と終身年金を与える国だと辺見はニッポンを指弾する。

武田泰淳は「汝の母を！」という作品で「皇軍」の兵士たちがスパイ容疑で捕まえた中国人母子に性交させ、あげくに焼き殺した例を描いているが、辺見はこれを「実話であろう」と推測する。上等兵による「悪だくみ」の提案を当時の状況下で誰も否定できるはずがないからだ。独特の文体で謎解きにも似た手法をとりながら、生々しくリアリティーを立ちのぼらせる辺見のペンは「すべてを「戦争」のせいにしてきた論法」の盲点をついて余すところがない。

辺見は一億総ザンゲ的といえるこうした論法の頂点には、記者会見で戦争責任を問われ、「そういう言葉のアヤについては、私はそういう文学方面はあまり研究もしてないので、よくわかりません」と答えた昭和天皇が立っている、と見る。「名にかへてこのみいくさの正しさを来世までも語り残さむ」と詠んだ岸信介などがその天皇の脇を固めているのである。岸はもちろん、あの戦争を「まちがった戦争」とは思っていないのだ。

88 『何日君再来物語』

中薗英助 著

『密航定期便』や『無国籍者』等の小説で知られる中薗は、一九八七年の秋に大韓航空機事件が起こった時、一か月半ほどの間に新聞、テレビ、週刊誌で一五回ものインタビューを受けた。その時につけられた肩書が多種多様で、作家、推理作家、スパイ小説家といったものから、香港事情通の作家というものまであった。

たしかに若き日に中国に渡って新聞記者となった中薗は、多くの国際スパイ小説を書いている。『何日君再来(いつのひきみまたかえる＝ホーリーチュンツァイライ)物語』は、その中薗が、いまなお日中両国の国民に愛唱されるこの歌の歌い手と作詞家、作曲家を求めて八年間も続けた探索の旅のドキュメントである。河出書房新社版の表紙カバーには、周璇、黎莉莉、山口淑子(李香蘭)、渡辺はま子、そしてテレサ・テン(鄧麗君)と、この歌を歌った五人の歌姫の写真を並べてあるが、八〇年に中薗が、中国でなぜか日本の戦前の歌が流行しているという記事を見た時には、この歌が日本の歌なのか、それとも中国の歌なのかもわからなかった。辛抱強い探索の果てに中国人が作った歌であることがわかったが、作り手と歌い手の消息を求めて旅はなお続く。インタビューしようとした人がすでに亡くなっていたり、中国で、この歌の評価が「亡国の歌」と変わったりして、追跡行はなかなか容易ではなかった。

よき花常には咲かず／よき運命《さだめ》常には有らず
愁い重なれど面に笑み浮かべ／涙溢れてひかれる想い濡らす
今宵別れてのち／いつの日君また帰る
乾しませこの杯を／召しませこの小皿
人生幾度酔う日有らんや
ためろうことなく歓つくさん
今宵別れてのち／いつの日君また帰る

これがテレサ・テンの歌った「何日君再来」の一番である。この「君」とはだれのことなのか？　「亡国の歌」と「愛国の歌」を揺れ動く過程で、「君」も変転した。ある中国人は中薗にこんな情報も伝える。この歌は音楽映画にそえられたダンス曲のタンゴにすぎなかったけれども、抗日映画の挿入曲に採用されてから、抗日歌の役割を果たした、と。しかし、ついに中薗は、この歌がどのようにして作られ、作曲家や歌い手がどのような運命をたどったかを探りあてる。これは、ひとつの歌物語に託した波乱の日中関係史なのである。

中薗には『オリンポスの柱の蔭に』という、ハーバート・ノーマンを描いたノンフィクション・ノベルもある。日本学のパイオニアでもあるノーマンは、アメリカに渦巻いた赤狩り旋風の中で自殺した。

89　『ピンポンさん』

城島　充著

「奇跡」は起こそうと思わなければ起こらない。一九九一年春に千葉の幕張で起こったことは、やはり奇跡と呼ぶしかないだろう。そこで開かれた世界卓球大会に「統一コリア」チームが参加したのである。それを実現させるために韓国に二〇回、北朝鮮に一五回も足を運んだのは当時の国際卓球連盟会長、荻村伊智朗だった。この本はシングルスの世界チャンピオンに二度もなった荻村の伝記だが、題名は荻村が孫娘にそう呼ばせていたことに由来する。

「統一コリア」チームはその時女子の団体戦で優勝し、表彰式では「アリラン」が歌われ、幕張体育館を揺るがすほどの大合唱となった。束の間の南北統一が実現したのである。南北を問わず、在日の人たちはほとんどすべて、オギムラの名を知っているという。その荻村が亡くなったのは、それからわずか三年後の一九九四年一二月四日。まだ六二歳だった。荻村は中国の首相の周恩来の信頼も厚く、アメリカと中国の国交正常化につながった「ピンポン外交」は彼が提案したといわれる。

卓球は一九二六年の国際卓球連盟創立以来、国旗や国歌を使わず、加盟は国単位ではなく協会単位、選手はアマチュアとかプロの区別をしないという憲章でやってきた。しかし、一九八八年のソウル・オリンピックに参加したいがために、一九七七年に憲章を変え、国旗と国歌を使い、アマとプロの区別も導入するとしてしまった。それでも、五〇年余の前憲章の精神は生きていたのだろう。それが素地となってピンポン外交も統一コリアチームも実現した。民間外交官として、荻村のような存在は後にも先にもいない。

荻村がいつも沈着冷静だったのは、二歳九か月で父親を亡くし、母ひとり子ひとりの寂しさを克服せざるをえなかったからともいわれる。荻村は小さい頃、野球がやりたかったが、当時、グローブは高価で、働いている母親に負担をかけてはいけないと思い、卓球に方向転換した。都立西高から都立大に進み、しかし、卓球がやりたいのと、シナリオを書きたいという夢もあって、二年から日大芸術学部へ移った。荻村は一九五四年のロンドン大会に初参加で世界チャンピオンとなったが、この時、日本卓球協会は男女六人ずつの候補選手を発表した。四人ずつでいいのに協会にカネがなく、役員の分まで選手につくらせようとして、一人八〇万円の自己負担を決めたのである。それを聞いた母親は八万円でもムリだからあきらめるんだね、と言った。そのころ荻村は武蔵野の卓球クラブで練習していた。あれだけ熱心に練習しているのに行けないのは気の毒だと、クラブの人たちが募金活動を始める。三鷹や荻窪の駅に荻村も立った。おカネを入れてもらうたびに「腹や胸に熱いものがこみあげてきました」と荻村は『スポーツが世界をつなぐ』（岩波ジュニア新書）に書いている。

90 『満州裏史』

太田尚樹 著

「コノ人タチ、ミンナ長春ヲ支配シタ悪イ人タチ。一番ハジメニ書イテアル「キシ・ノブスケ」コノ人、イチバン悪イ人」

一九九五年秋、旧満洲国の首都だった新京(現長春)の記念館を訪ねた安倍晋三は、中国人ガイドにこう言われた。同行した荒井広幸が、「この方はその人の孫ですよ」と紹介し、ガイドが息を呑む場面があったという。満洲国の高官として「イチバン悪イ人」と言われ、戦争犯罪人の容疑を受けながら、逃れて、のちに首相になってしまった岸信介の悪さが忘れられている。それは不気味な輝きさえ持つ悪であり、旧満洲国での所業に集約される。俗に「二キ三スケ」と言い、東条英機、星野直樹の二キと、松岡洋右、鮎川義介、そして岸信介の三スケが中心となって大日本帝国のカイライである満洲国を牛耳っていたといわれるが、当然、東条らとともにA級戦争犯罪人に指名されるべきなのに、敗戦近くなって東条と衝突したために、それを免れた岸の悪辣さを、いま改めて問題にしなければならない。この本はそのための必読書だが、岸と甘粕正彦の出会いの場面から始まる。

甘粕は関東大震災の時に無政府主義者の大杉栄らを暗殺した犯人とされるが、実は、甘粕はその罪を背負っただけであり、だから軍首脳は甘粕を満洲に逃がし、さまざまな裏工作に当たらせた。中国との戦争を始めさせる特務工作であったり、アヘンの密売などを担当させたのである。「満洲の夜は甘粕が支配し、昼は岸が支配した」と言われる。

この本はその二人の物語だが、もう一人、トリオというほど親しかったのが東条だった。甘粕によれば、東条は高峰三枝子の歌う「湖畔の宿」が好きで、首相官邸に高峰を呼んで歌わせたりしていたという。戦意を高揚させないとして禁止にした「湖畔の宿」を自分だけは楽しんでいたわけである。軍人の身勝手さの標本だろう。その東条がトップだったこともある関東軍はソ連(現ロシア)が攻めて来るや、真っ先に逃げ出した。満洲映画の理事長として自殺した甘粕は、社員に旅費と生活費を配った後、次のような別れの挨拶をしている。

「関東軍は新京を棄てて、もぬけの殻になってしまいました。まったく腰抜けの軍人どもです。新京にいた彼らの家族は、(八月)九日の夜の闇に紛れて引き揚げてしまったそうです。しかも、一等、二等の寝台車で引き揚げていったとは、けしからん話です」

敗戦は一五日だから、一週間近く前に脱出したわけである。

「軍隊は国民を守らない」ことを例証する歴史的事実であり、私たちはそれを忘れてはならないだろう。

91 『張学良の昭和史最後の証言』

NHK取材班・臼井勝美 著

拙著『石原莞爾 その虚飾』(講談社文庫)に、私は犬養道子の少女のころの回想を引いた。「五・一五事件」で暗殺された首相、犬養毅の妻であった祖母や、父・健と「お祖父ちゃまの部屋」を整理していた道子は、健に、「おい、ちょっと見てごらんよ、張学良の手紙」と声をかけられる。

「え? 張学良!」。当時、一二歳か一三歳で「新聞を朝刊も夕刊もすみからすみまでこまめに読む子供であった」道子はその名を知っていた。しかし、「馬賊の張(作霖)の伜」のイメージしかなく、健が持っているハイカラな書簡箋とは容易に結びつかなかった。

最初薄青く見えたそれは、近々と見れば「純白のリネン布にも似た極上の西洋紙」であり、そこにくっきりと濃緑の装飾用印刷インクが楷書体の「張」の字を盛り上らせていた。娘の感嘆する様を見ながら、健は言った。

「わざわざ天津あたりのドイツ人の店にでも注文したんだな。日本軍がいるから、かわいそうに、このレターペーパー一枚にだって、えらい苦労したかもしれないね」

ローマ字で「Zhang」と書いてあったなら、英国貴族の書簡箋と思っただろうそれを前に、「ねえ、何て書いてあるのよ」と道子が尋ねると、健は、「お祖父ちゃんに甘えたのさ」と答えた。あくまでも中国との戦争を避けようとした犬養毅は、それ故に青年将校の銃弾に斃れた。石原莞爾を中心とする日本軍が戦争の契機をつかむため、一九二八年に親日派だった張作霖を爆死させる。日本軍の仕業ではないと主張していたが、それは明らかだった。張学良はこの『証言』で、こう語っている。

「あなたがた日本人は私の父を殺し、日本のためにその真相を曖昧なまま隠そうとしました。私の父は日本と組むことを欲していました。そして私自身も同じ気持ちだったのです。しかし、あのようなことをしたのは日本人です。どうして私が再び日本と組むことができるでしょうか」

そして、一九三六年一二月一二日に「西安事件」を起こす。中国共産党と戦えと督促に来た蔣介石を監禁し、共産党と連携して日本と戦え、と迫ったのである。それは成功したが、蔣の怒りは収まらず、その後長く幽閉されることになる。蔣は学良の命をうばうことさえ考えたが、それを阻んだのは蔣介石夫人の宋美齢だった。副題が「六人の女傑と革命、そして愛」の富永孝子著『張学良秘史』(角川ソフィア文庫)を読むと、学良と美齢は相愛の仲だったらしい。

学良は一九〇一年生まれで、昭和天皇と同い年である。それだけでなく、特に若い時はそっくりだったという。このインタビューの第一回目は一九九〇年六月一七日に行われている。数えで九〇歳の学良は元気に歴史的証言をした。

92 『上海時代』

松本重治 著

張学良が蔣介石を幽閉して「国共合作」(中国の国民党と共産党の提携)を迫った「西安事件」をスクープして全世界に報道したのは、当時、同盟通信社の上海支局長をしていた松本重治だった。ちなみに張学良はNHKの取材班にこう質問したという。

「日本はなぜ東条(英機)のような戦犯を靖国神社に祭っているのか。戦犯は日本国家の罪人ではないのか。彼らを祭っているのは、彼らを英雄と認めたからなのか」

骨の髄からのリベラリストだった松本の持論は「日米関係の核心は中国問題である」だった。日米関係はすなわち日中関係であるとして、その融合に生涯を捧げた。『上海時代』はまさに日中関係が悪化し、戦争に至る只中で若き日を過ごした松本の貴重なメモワールである。

松本が上海で交友を深めた人には、新渡戸稲造等の国際派日本人だけでなく、胡適等の中国人、そして、エドガー・スノー、オーウェン・ラティモア等のアメリカ人がいた。インターナショナル・ジャーナリストの松本の面目躍如である。新聞界から政財界、さらには軍部の要人とまでつきあいながら、松本は最後まで「日中平和」への希望を捨てなかったのだが、一九三六年五月末、関東軍司令部参謀の田中隆吉は、松本にこう告げたとか。

『上海時代』

「率直にいえば、君と僕とは中国人をみる観方が根本的に違う。君は中国人を人間として扱っているようだが、僕は中国人を豚だと思っている」

こうした軍人たちを相手に松本は和平工作をやらなければならなかった。松本は友人の大使の次の述懐に強く頷きながら、それでもなお、それを進める努力をやめなかった。

「われわれのやっていることは、あたかも賽の河原のみどり児が、一重二重と石や瓦を積み上げていくあとから、鬼がこれを打ち壊す、打ち壊されても、なお積み上げなければならんという状態だなあ」

松本は「あとがき」に、二年半がかりでこれを書いたのは「人知れず、遺言を書くような気持であった」と記している。その遺言の趣旨は「日本人は、隣国人の気持をもっとよく理解して欲しい」ということであり、「東亜の一大悲劇たる日中戦争が惹き起された最大の原因が、当時の日本人の多くが、中国人の気持を理解し得なかったことにある」ことを痛感して、〝遺言〟を書く気になったという。

松本は決して声高にではなく、静かな語り口で叙述する。この本を書くに際しては、松本を敬愛する澤地久枝が克明な年表を整えて助けたという。松本は戦後、国際文化会館を創設し、自らを「(国際的な)宿屋の主」と称していた。國弘正雄が聞き手となった『昭和史への一証言』(たちばな出版)が遺されている。

93 『ポーツマスの旗』

吉村 昭 著

副題が「外相・小村寿太郎」である。一九〇四年の日露戦争に〝勝って〟、日本はアメリカの仲介で講和のポーツマス条約を結ぶわけだが、その内容に不満を抱いた民衆が日比谷焼き打ち事件を起こす。矛先は全権大使だった外相の小村に向けられた。各新聞も「斯《こ》の屈辱」「敢て閣臣元老の責任を問ふ」「遺る瀬なき悲憤・国民黙し得ず」と、それを煽り立てる。

著者の記す如く、「国民は、家族の働き手である男子を戦場に送って戦病死で失い、傷者を抱えねばならなくなっていた」し、「軍費の調達にこたえて公債を買い求め、重い非常特別税の圧迫をも受けていた」からである。

怒りは講和を斡旋したルーズベルト(米国大統領)にも向かい、群衆はアメリカ人牧師のいる教会や米国公使館をも襲撃した。東京駐在の通信員から世界に発信されたニュースには「ルーズベルト大統領の厚意あふれる斡旋に対し、日本人は、感謝とは全く逆の暴言と愚行によって応えた」と書いてある。まさに外交は〝内交〟であることを小村は身をもって体験したのだった。これは決して〝昔話〟ではないからである。この国においてそれを鎮静化させようとする者は小村の悲劇を追体験することになる。

煽る側に立ったのは、たとえば七博士会だった。これは東京帝国大学法科大学教授で法学博士の戸水寛人をはじめ、富井政章、金井延、寺尾亨、高橋作衛、中村進午、小野塚喜平次の七博士を中心に結成された会で、しばしば会合を開き、最低限度の講和条件として賠償金三〇億円、樺太、カムチャッカ、沿海州すべての割譲を求め、それが容れられなければ戦争を継続するとして決議書を政府に提出した。新聞も、その要求が国民の総意を代弁すると強く支持したのである。現在も、七博士のような〝有識者〟はいる。一三か所の教会に対する民衆の放火と破壊については、アメリカのメディアに連日激しい非難の論説が載った。

「日本は異教徒の国であるが、たとえ宗教が異っているとしても、神に祈りを捧げる神聖な場所を焼き払い破壊するのは、人間でないことをしめすなによりの証拠である」

「日本人は、戦争中、見事な秩序と団結で輝やかしい勝利を得た。かれらは、人道と文明のために戦い、講和会議の締結にもそれを我々に感じさせた。しかし、東京騒擾事件では、かれらが常に口にしていた人道と文明のためという言葉が偽りであることを明らかにした。かれらは、黄色い野蛮人にすぎない」

著者の事実調査が徹底していることは有名だが、小村の故郷の宮崎県日南市の飫肥《おび》を訪ねて、家庭人としての小村の陰の部分にも触れることができたと記している。

94 『杉原千畝』

白石仁章 著

六〇〇〇人のユダヤ人を救った杉原千畝については、夫人の幸子が書いた『六千人の命のビザ』（朝日ソノラマ）がある。これはヒューマニストの側面を押し出したものだったが、白石の本は「インテリジェンス・オフィサー」としての杉原を加えて描いている。一九四〇年七月末のある日、リトアニアの当時の首都カウナスの日本領事館を二〇〇人ほどのユダヤ人が取り巻いた。前年の九月、ポーランドに侵攻したナチス・ドイツ軍は徹底した「ユダヤ人狩り」を行い、アウシュビッツの収容所などで虐殺した。危うくその難を逃れたユダヤ人が隣国のリトアニアに脱出し、日本通過のビザを求めて領事館にやって来たのである。数日中にそれは数千人にふえることが予想された。

ビザを発給すべきかどうか、領事代理の杉原は迷いに迷って、本国の訓令を仰ぐ。しかし、当時、日本はドイツと日独防共協定を結んでおり、杉原がユダヤ人にビザを出せば、それはドイツへの敵対行為とみなされて、ゲシュタポに命を奪われる危険があった。だから、日本の外務省の答えはわかっていたのである。わかっていても、杉原は問いかけずにはいられなかった。杉原の三度の請訓電報に、松岡洋右大臣の下の外務省はもちろん「否」を繰り返してきた。それで杉原は決心する。

「幸子、私は外務省に背いて、領事の権限でビザを出すことにする。いいだろう?」

「後で、私たちはどうなるか分かりませんけれど、そうしてください」

杉原は外務省をやめさせられることは覚悟していた。それだけではすまないかもしれない。杉原は夫人に、「大丈夫だよ。ナチスに問題にされるとしても、家族にまでは手は出さない」と言い、さらに「ここに百人の人がいたとしても、私たちのようにユダヤ人を助けようとは考えないだろうね。それでも私たちはやろうか」と夫人の顔を正視して念を押した。

それから、昼食もとらず、睡眠時間も切りつめて、杉原はビザを書き続ける。すでに外務省から「領事館退去命令」は出されていた。それを無視して杉原はビザを発行し続けたのである。戦争が終わり、日本に帰って来た杉原が外務省に呼ばれて行くと、次官は、「君のポストはもうないです。退職していただきたい」と冷酷に告げた。

このときに助かったユダヤ人たちは戦後、必死に杉原を捜す。こんな日本人がいたことは私たちにとって救いだろう。この本の解説で手嶋龍一は、杉原は欧州全域に独自のネットワークを築き、亡命ポーランド政権のユダヤ人将校から機密情報を入手していたと指摘する。「命のビザ」はその見返りでもあったというのである。

95 『ある明治人の記録』

石光真人 著

「中国という国はけっして鉄砲だけで片づく国ではありません」

第二次世界大戦について、一九一九年に陸軍大将にまでなった柴五郎は「この戦は残念ながら負けです」と批判しながら、冒頭の言葉を吐いたという。そして、「会津人柴五郎の遺書」が副題のこの本を編んだ石光真人に、静かに、こう説いたのである。

「中国人は信用と面子《メンツ》を貴びます。それなのに、あなたの御尊父もよく言っておられたように、日本は彼等の信用をいくたびも裏切ったし面子も汚しました。こんなことで、大東亜共栄圏の建設など口で唱えても、彼等はついてこないでしょう」

第二次大戦は日本にとって戦況は必ずしも不利ではないと石光は伝えたが、柴は首を横に振って問題にしなかったとか。石光の「御尊父」は『城下の人』『曠野の花』『望郷の歌』、そして『誰のために』(いずれも中公文庫)という手記を書いた石光真清で、柴と親しく、柴を尊敬していた。柴が一九〇〇年に北京の駐在武官として「北清事変」(義和団の変)に遭遇し、沈着な行動をとって世界各国の賞讃を浴びたが、まったくそれを自慢することなく、ある時、石光真人に次のように話したという。

「無事にあの任務を果せたのも信用し合っていた多くの中国人のお蔭でした。そのことを明らかにすると、彼等は漢奸として不幸な目にあうので、当時は報告しませんでした。中国人は日本人のような自惚屋のお調子者ではありません。ひとたび信用したら最後まで誠意を尽します。敵に囲まれた私たちのために、夜になると危険を冒して食糧を投げこんでくれましたし、天津の日本軍に幾回となく連絡も果してくれました。なかには指を切って誠意を披瀝したものもあったほどです。私の名前が柴という中国にある名前なので、中国人をこのように理解して下さるのは、祖先が中国人だからでしょう……という者さえあって、今日でも手紙をくれる人がいます」

義和団に囲まれた北京籠城は柴を長とする日本軍の働きで解かれ、各国軍によって警備区域が定められたが、柴が軍紀を厳正に保って中国人民を保護したので、他国の区域から日本区域に移住して来る者が多かった。

「中国は友としてつき合うべき国で、けっして敵に廻してはなりません」

こう忠告した柴が一九二三年に予備役となって以後、日本は破滅への道を突っ走る。一九四五年暮れ、米寿を前に柴は亡くなったが、この「遺書」は会津人として、まさに塗炭の苦しみを嘗めた記録である。あるいは柴は満洲事変を起こした暴虐な日本軍に、会津人を悲惨の極に落とした薩摩と長州の姿を重ね合わせていたかもしれない。「自惚屋のお調子者」の日本は彼らによって指揮されていたからである。

96 『鼠』

城山三郎 著

謙虚な城山三郎が「ノンフィクション文学の先駆となる作品であった」と、ひそかな自負を抱いている」と記した『鼠』は、城山の「歴史への違和感」から生まれた。

「歴史は、いつも多寡をくくっている。わたしを少年兵に仕立てたときも、天地が逆転したような戦後の世界に投げ戻したときも。あのとき、わたしはイソップの蛙のように、ふくれ上る違和感で腹がはじけそうであった。わたしは、いま、違和感の塊になる。その違和感で歴史に打ち当ろう。そして、一度でよいから、歴史に多寡をくくらすまい――」

その思いを、城山は具体的にこの「鈴木商店焼打ち事件」を追求する過程で燃焼させた。帝人、神戸製鋼、日商(のちに岩井産業と合併して日商岩井)等、鈴木商店の流れを汲む企業に働く人間たちが、いまも「鈴木は働きよかった」「金子直吉さんはえらかった」と、その徳を偲ぶのに、どうして鈴木商店はコメの買い占めの元凶という悪のイメージを植えつけられてしまったか？　まだ、三〇代だった城山は〝足軽作家〟の名に恥じず、『米騒動の研究』という「歴史書」に出てくる証言者を追って、労を惜しまず歩きまわる。

すると、「鈴木が米の買い占めをした。だから焼打ちされた」という〝事実〟は揺らいでくるのだった。そう証言した人間が、城山にその根拠を尋ねられると「……新聞にしきりに書いてましたからなア」とか、「そういう噂だったな」とか、「新聞に鈴木の名がチョイチョイ出てたし、ハデにのびた会社だったからな」などと答えるのである。

鈴木商店は当時、三井物産を圧倒し、世界に雄飛する日本一の商社だった。そして、鈴木批判は『朝日新聞』が火の手をあげたのだが、それを踏まえて、城山は「三井と朝日の、当世風に言って〈共同謀議〉という仮説も成り立つ」と書いている。この作品は、のちに、ロッキード事件に遭遇した丸紅社員や、リクルート事件のリクルート社員に、熱い共感をもって読まれた。城山はそれを知って苦笑していたが、もちろん、鈴木商店と丸紅やリクルートを同一視することはできない。

あるとき城山に新聞をどう読んでいるかと尋ねたら、「原則として夕刊まで読まないようにしている」と言われた。「新聞を読むと腹が立つことが多くて仕事の邪魔になるから」だが、また、「早い情報よりも正確な情報を取るべきだと思う」からだった。「新聞の場合、早いことは確かだけれども誤報もある」と城山は語った。テレビは新聞より誤報が多いかもしれない。

なお、『鼠』は鈴木商店の大番頭、金子直吉の俳号、白鼠からとられている。この金子直吉がまたユニークな人物だった。

97 『ある歴史の娘』

犬養道子 著

九発の銃声が響いて犬養毅は斃れた。一九三二年五月一五日のことである。毅の孫の道子はその「晴れた暗い日」のことを、『花々と星々と』(中公文庫)に書いた。運命の日は日曜日だった。夕刻、護衛の巡査を撃ち殺して、犬養邸に青年将校が乱入して来る。「お逃げください！　お逃げください！」とまだ、撃たれていない護衛が叫んだが、当時七七歳の老首相は「いいや、逃げぬ」と言い、道子の母の「おとうさま、庭！」という声にも「逃げない、会おう」と静かな調子で返した。

その言葉も終わらぬうちに、海軍少尉の服をつけた二人と陸軍士官候補生姿の三人が土足のまま現れる。中の一人がいきなり拳銃を突き出し、引金を引いたが、どうしてか、弾丸は出なかった。

「まあ、急《せ》くな。撃つのはいつでも撃てる。あっちへ行って話を聞こう……ついて来い」

道子にとっての「お祖父ちゃま」は、嫁と孫(この場にいたのは道子の弟の康彦)を彼らから引き離すように、「突き出た日本間」に軍人たちを誘導した。

そして床の間を背にゆったりと座り、座卓の上の煙草盆を引き寄せ、拳銃を擬して立つ若者たちにもすすめてから「まあ、靴でも脱げや、話を聞こう……」と言った。

しかし、そのとき、そこにいた五人よりははるかに殺気立った四人が入って来て、「問答無用、撃て！」の大声と共に次々と九発の銃声を響かせる。それだけの銃弾を浴びながら、犬養毅は両手を卓にかけ、しゃんと座っていた。指にはさんだ煙草も落としていない。そして、「呼んで来い、いまの若いモン、話して聞かせることがある」と、そばの者に命じた。

以上は拙著『石原莞爾 その虚飾』(講談社文庫)の書き出しの部分である。これを書く際に犬養道子の『花々と星々と』とそれに続く『ある歴史の娘』は重要資料だった。その前年に満洲事変を起こして中国との戦争に踏み出そうとしていた石原にとって、なおも中国との和平をめざす犬養毅は目障りな存在だった。「犬養がよこす使者は一刀両断にブッタ斬ってやる！」と石原が叫んだと伝えられるのはそのころのことである。

だから道子は『ある歴史の娘』にズバリと書いている。「祖父犬養木堂暗殺の重要要素をなした満洲問題は、その発生から満洲国建立までの筋書一切を、極端に単純化して言うなら、たったひとりの、右翼的神がかりの天才とも称すべき人間に負うていた」と。つまり、石原が真犯人だというわけである。

98 『マリコ』

柳田邦男 著

国家の水位が高くなった時、戦争は始まる。そして戦争は国家の水位をさらに高める。日本とアメリカの仲が険悪になり、太平洋戦争が勃発する直前、東京の外務省とワシントンの日本大使館の間を、ある暗号が行き交った。「マリコ」である。これは、日本の交渉方針や提案に対するアメリカ側の態度を指し、「マリコは病気だ」と言えば、「米側態度は悪化している」ことを意味した。

この「マリコ」は一九四一年当時九歳だった「寺崎マリ子」の名前からとられたものである。マリ子は、ワシントンの日本大使館の一等書記官だった寺崎英成と、テネシー州出身のアメリカ人グエンドレンとの間に生まれた。「日米国際結婚をした外交官夫妻の一粒種」であるマリ子の名前を暗号にすることを思いついたのは英成の兄の寺崎太郎で、太郎は外務省アメリカ局長を務めていた。

こうした親欧米派の戦争回避の努力もむなしく、その年の一二月七日(日本時間で八日)、日本はパール・ハーバーを奇襲する。そして、マリ子は強制送還された両親とともに「鬼畜米英の声がみなぎる日本」で生活することになる。「時代の子」という言葉があるが、マリ子ほどそれを一身に背負った「子」もいないだろう。戦争が激しくなる中で「背が高く目の大きなマリ子」は通学の帰途、男の子たちのイジメの的となった。「アメリカ人」、「あいのこ」、「スパイ」。待ち伏せしていた彼らはあらん限りの悪口を浴びせ、勝気なマリ子が「イーだ」と言い返すと、後から首を絞めたり、こづいたりした。

柳田がこの作品を書くことになったきっかけは、一九七〇年に「転換期に立つ日米関係」という番組の制作スタッフに加わったからだった。当時NHKにいた柳田は、この番組で寺崎英成夫人の「美しい老婦人グエンさん」のインタビューに接し、その著『太陽にかける橋』を読んで、マリ子という少女はどうなったかを取材し始める。

「上海で生まれ、破局のパール・ハーバーの日にワシントンにいたマリコ。祖国アメリカよりも夫との愛を選んで鬼畜米英を叫ぶ日本にやってきた母グエン。日中戦争から太平洋戦争に至る苛酷な時代を、少女の目で見つめてきたマリコが、いまアメリカの民主党リベラル派の女性活動家となって、ベトナム反戦を叫んでいる」

柳田はマリコの半生をこう要約している。柳田と対談した時、『マリコ』は「戦争と人間」というテーマの流れの中の作品で、このテーマの作品で、どれか一つを選べとなったら、『空白の天気図』(新潮文庫)になると言っていた。これは広島の原爆被災直後に襲った史上空前の枕崎台風の時も測候観測を続けた気象台の男たちを主人公にした作品だが、著者と読者の見方は違うものである。あるいは柳田と私の視点の違いなのか。

99『ストロベリー・ロード』

石川　好著

一九八九年に大宅壮一ノンフィクション賞を受賞したこの作品は、それまでの日本人のステロタイプなアメリカ観を一変させた。伊豆大島の高校を卒業すると同時にカリフォルニアに渡り、先に移住していた兄と共に、いちご摘みの労働をした体験によって獲得された著者の視点は独特であり、ここにはローアングルから素手でとらえられたアメリカが描破されている。

「アメリカの理想主義とは、新大陸という荒野に先発した男の入植者たちが、なんとか女性たちを呼び寄せようと発した言葉の堆積である」と喝破した著者は、また、「じつは、アメリカ人などいないのだ。ここは〝アメリカ人になろうとしている〟人間ばかりが住んでいる国なのだ」と書く。

移民の国アメリカは、豊かさにおいても、自由さにおいても、〝である国〟ではなく、〝でなければならない国〟なのだというのである。『ストロベリー・ロード』に始まり、『ストロベリー・ボーイ』と続く著者のアメリカ体験記は一度その味を知ったらクセになる食べもののように、読者を病みつきにする。

先にアメリカに渡っていた著者の兄は白人女性と結婚し、浪曲をめぐって、こんなスレチガイを演ずる。カリフォルニアのイチゴ畑のそばで、著者の兄がレコードをかけて『壺坂霊験記』を聞いていると、新妻がこれはどういう意味だと尋ねるのである。それで、「妻は夫を慕いつつ、夫は妻を慕いつつ」を「ワイフ・ラブ・ハズバンド。ハズバンド・ラブ・ワイフ」と訳してやった。すると彼女は「それはあたりまえだ。パーフェクトだ。そういう歌のどこがおもしろいのだ」と言い、ハズバンドは頭を抱えてしまう。

また、春日八郎の歌う『お富さん』をかけて、死んだと思っていたお富という女性が生きていたのでガッド(神様)が驚いたと訳したら、彼女は目を丸くして「死んでいた人間が生き返ればガッドだけじゃない、だれだって驚く。どうして日本にはそういう歌が流行するのか」と、しつこく尋ねてきたとか。

「兄ちゃんたち、すごい結婚生活やっているな……」

兄に同情しつつ、著者はこうつぶやくのだが、こうした「関係」の堆積としてアメリカはあるのだろう。

「アメリカは、そこに今在るのではなく、これから彼(人々)が向かう場所であった。たとえ到着できる見込みのないゴールかもしれないが、人々は、この先に、この生活の果てに、「アメリカ」はある、と信じているようだった」と著者は書く。小説の形式をとっているが私には小田実の『アメリカ』(河出書房新社)も忘れられない。

100 『中村屋のボース』

中島岳志 著

二〇〇五年春に出したこの本で著者は大佛次郎論壇賞とアジア・太平洋大賞を受けた。「インド独立運動と近代日本のアジア主義」が副題のこの本は、ラース・ビハーリー・ボースという数奇な運命をたどった人物を描いて「これほど興味深い本にはめったに出会えるものではない」と小熊英二に言わしめた快著だが、何よりも私はボースの娘の樋口哲子に著者が深く信頼されたことに感心した。それはなまなかに得られるものではない。東京は新宿中村屋のカリーはボースがもたらした料理であり、彼にちなんで「恋と革命の味」といわれる。

ボースは一九三〇年夏、山形県酒田市で開かれた行地社の夏期大学に講師として招かれ、イギリス植民地下のインドの窮状を訴えた。招いたのは酒田出身で東京帝国大学でインド哲学を専攻した大川周明だった。ボースは講演活動で日本各地を回ったが、酒田には特に心を動かされたようで、『月刊日本』の同年九月号にこう書いている。

「遠くに聳ゆる大小の山々を背景とし、パラノマの如く眼前に展開せられたる規則正しく区画された広茫たる田野を見て、私は故国印度の光景を想起せざるを得なかつた。翌日の午後、私は友人大川君の家の二階から、又世にも美しき風景を眺める事が出来た。一方には海岸から飛び来る砂を防ぐ為の松林が長城の如く連り、一方には中空に聳ゆる美しき鳥海山の麓まで田野遠く展けて居た。然かも翌日私が友人と共にモーターボートで日本海に乗り出した時、酒田の壮美は其極に達した。(中略)日本海で日没を見たのは今度が初めてである。私は此時の自然の美しさを生涯忘れぬであらう」

時にボース四四歳。急進的独立運動を展開してインドを追われ、一五年の月日が流れていた。その間、頭山満らによって中村屋の相馬愛蔵、黒光夫妻に匿われ、その娘の俊子と結婚して哲子が生まれたが、まもなく俊子が亡くなるという悲運にも見舞われている。「酒田の壮美」に触れて気持ちの昂ぶりも極限に達したのか、その時、ボースは夕日を見つめながら「寂しい」と叫んで船底に身を伏せ、慟哭したのだった。

恥ずかしいことだが、この本を読むまで、私は中村屋のカリーを伝えたのは、ボースはボースでも、チャンドラ・ボースだと思っていた。しかし実は、チャンドラ・ボースの先輩のラース・ビハーリー・ボースだったのである。中村屋という隠れ家での生活と、その後の俊子とのロマンスがカリーにまつわる話として語られ、「恋と革命の味」と言われるようになった。悲願のインド独立を果たすため、ボースはイギリスと戦う日本の軍隊に希望を託し、ナチス・ドイツとの連携を訴えるまでになる。ちなみに私にとって大川は、学生時代を過ごした東京の寮「荘内館」の大先輩である。

おわりに

凄絶な犯罪小説を書いた作家の西村望は、五〇歳を前にして、突然、妻に死なれ、おそろしいほどの孤独に身を包まれた。

起きてみても、寝てみても一人。だれも訪ねて来なくて、「滅入ってしまった心はどうにもふるいたたせるすべがなかった」という。

本でも読んで気をまぎらわせようかと、何十冊もの本を買い込んで読み始めたが、ただ、吉村昭の本だけが、自分をその世界に没入させた。

「私は、朝目がさめると吉村さんの本を読み、それに疲れると起き出してウィスキーをがぶ飲みした。飲んだあとは壁の一点を睨んで、じっと孤独と戦いつづけた」

そんな生活をまる一年つづけて、どうにか立ち直ったのだが、「もしあのとき酒と、そして吉村さんの本がなかったら私はいったいどうなっていただろうかと、思うことがある」という西村の述懐を、吉村作品に触れたことがある者なら、だれも誇張とは思わないだろう。「事実」を追う吉村の迫力は、自らの、身動きもできなかった闘病体験から生まれた。それはまさに「生の凝視」であり、『冷い夏、熱い夏』(新潮文庫)は、そうした眼をもつ吉村が「一卵性双生児」とまで言われた最愛の弟を癌で失う話である。人間の生と死に敏感であるがゆえに、それは吉村にとって自らの身を切り刻まれるような日々だった。

この作品についての加賀乙彦との対談で、吉村は「恐らく、僕はもうこの小説を自分では読み直しません」と言っている。

吉村作品は「小説」と謳っても徹底した取材によって発掘した「事実」によって組み立てられているが、なかでもこの作品は「ノンフィクション」と言っていい。

双曲線は軸とは永遠に交わらない。しかし、事実という軸にどこまで近づこうと努力したか、それによってその作品の迫力は違ってくるのである。

日本は「会社国家」でありながら、会社とそこで働く人間を描いたノンフィクションは少ない。この一〇〇冊の特徴は、会社国家のタブーに挑んだ作品を選んでいることにもある。また、アウトローも少なからず登場する。無法者たちから社会を見たら、また、違った景色が見えるのではないかと思うからである。

いずれにせよ、あまり知られていないけれどもドキドキするような作品を選んだつもりである。それまで読者が社会や人間に対して抱いていたイメージを一新させるような作品もあるだろう。

「真実は虚構を通してのみ語られる」と言ったのは確か魯迅だが、大切なのは、事実か小説かでもなく、小説の中のどこが実でどこが虚かでもない。どちらが、よりタブーに迫っているかなのである。

タブーに挑戦した作品の少ない貧血気味の出版界に手袋を投げるような気持ちで、私はこの本を読者に送る。

本書で取り上げた100冊

1 **『無知の涙』**永山則夫，合同出版，1971年〔増補新版，河出文庫，1990年〕

2 **『鬼畜』**西村望，立風書房，1978年〔徳間文庫，1981年〕

3 **『ホームレス歌人のいた冬』**三山喬，東海教育研究所，2011年〔文春文庫，2013年〕

4 **『村の女は眠れない』**草野比佐男，たいまつ社，1972年〔梨の木舎，2004年〕

5 **『復讐するは我にあり』**佐木隆三，講談社，1975年〔講談社文庫，1978年，文春文庫，2009年〕

6 **『自動車絶望工場』**鎌田慧，現代史出版会，1973年〔新装増補版，講談社文庫，2011年〕

7 **『生き地獄天国』**雨宮処凛，太田出版，2000年〔ちくま文庫，2007年〕

8 **『お笑い大蔵省極秘情報』**テリー伊藤，飛鳥新社，1996年

9 **『異色官僚』**佐橋滋，ダイヤモンド社，1967年〔徳間文庫，1987年〕

10 **『会長はなぜ自殺したか』**読売社会部清武班，新潮社，1998年〔新潮文庫，2000年〕

11 **『住友銀行秘史』**國重惇史，講談社，2016年

12 **『電通の深層』**大下英治，イースト・プレス，2017年

13 **『共生の大地』**内橋克人，岩波新書，1995年

14 **『竹中平蔵 市場と権力』**佐々木実，講談社，2013年〔講談社文庫，2020年〕

15 **『松下幸之助の昭和史』**立石泰則，七つ森書館，2011年．本書は，『復讐する神話 松下幸之助の昭和史』文藝春秋，1988年〔文春文庫，1992年〕の増補復刻版．

16 **『ルワンダ中央銀行総裁日記』**服部正也，中公新書，1972年〔増補版，中公新書，2009年〕

17 **『グーグルで必要なことは、みんなソニーが教えてくれた』**辻野晃

一郎，新潮社，2010年〔新潮文庫，2013年〕
18 『**憚りながら**』後藤忠政，宝島社，2010年〔宝島社文庫，2011年〕
19 『**闘い いまだ終わらず**』山平重樹，幻冬舎アウトロー文庫，2016年
20 『**田中清玄自伝**』田中清玄，文藝春秋，1993年〔ちくま文庫，2008年〕
21 『**突破者**』宮崎学，南風社，1996年〔新潮文庫，2008年〕
22 『**おそめ**』石井妙子，洋泉社，2006年〔新潮文庫，2009年〕
23 『**許永中**』森功，講談社，2008年〔講談社＋α文庫，2010年〕
24 『**「疑惑」は晴れようとも**』河野義行，文藝春秋，1995年〔文春文庫，2001年〕
25 『**麻原彰晃の誕生**』髙山文彦，文春新書，2006年〔新潮文庫，2018年〕
26 『**A**』森達也，現代書館，2000年〔角川文庫，2002年〕
27 『**創価学会秘史**』高橋篤史，講談社，2018年
28 『**池田大作「権力者」の構造**』溝口敦，三一書房，1972年〔講談社＋α文庫，2005年〕
29 『**闇の流れ**』矢野絢也，文藝春秋，1994年〔講談社＋α文庫，2008年〕
30 『**カルト資本主義**』斎藤貴男，文藝春秋，1997年〔文春文庫，2000年，増補版，ちくま文庫，2019年〕
31 『**じゃぱゆきさん**』山谷哲夫，情報センター出版局，1985年〔岩波現代文庫，2005年〕
32 『**フィリッピーナを愛した男たち**』久田恵，文藝春秋，1989年〔文春文庫，1992年〕
33 『**からゆきさん**』森崎和江，朝日新聞社，1976年〔朝日文庫，1980年〕
34 『**エビと日本人**』村井吉敬，岩波新書，1988年
35 『**バナナと日本人**』鶴見良行，岩波新書，1982年
36 『**知事抹殺**』佐藤栄佐久，平凡社，2009年
37 『**市民科学者として生きる**』高木仁三郎，岩波新書，1999年
38 『**水俣病**』原田正純，岩波新書，1972年
39 『**苦海浄土**』石牟礼道子，講談社，1969年〔講談社文庫，1972年〕
40 『**下下戦記**』吉田司，白水社，1987年〔文春文庫，1991年〕
41 『**ネットと愛国**』安田浩一，講談社，2012年〔講談社＋α文庫，2015年〕

42 『**出版業界最底辺日記**』塩山芳明，一水社，1996 年〔ちくま文庫，2006 年〕
43 『**天下無敵のメディア人間**』佐藤卓己，新潮選書，2012 年
44 『**あわわのあはは**』住友達也，西日本出版社，2004 年
45 『**メディアの支配者**』中川一徳，講談社，2005 年〔講談社文庫，2009 年〕
46 『**渡邉恒雄 メディアと権力**』魚住昭，講談社，2000 年〔講談社文庫，2003 年〕
47 『**天人**』後藤正治，講談社，2014 年〔講談社文庫，2018 年〕
48 『**南ア共和国の内幕**』伊藤正孝，中公新書，1971 年
49 『**不可触民**』山際素男，三一書房，1981 年〔光文社知恵の森文庫，2000 年〕
50 『**記者襲撃**』樋田毅，岩波書店，2018 年
51 『**銀バエ**』山岡俊介，創出版，2004 年
52 『**武富士追及**』三宅勝久，リム出版新社，2005 年
53 『**「噂の眞相」トップ屋稼業**』西岡研介，講談社，2001 年〔河出文庫，2009 年〕
54 『**田中角栄**』早野透，中公新書，2012 年
55 『**昭和 45 年 11 月 25 日**』中川右介，幻冬舎新書，2010 年
56 『**赫奕たる逆光**』野坂昭如，文藝春秋，1987 年〔文春文庫，1991 年〕
57 『**孤獨の人**』藤島泰輔，三笠書房，1956 年〔岩波現代文庫，2012 年〕
58 『**ドキュメント 昭和天皇**』田中伸尚，緑風出版，1984–93 年
59 『**狼煙を見よ**』松下竜一，河出書房新社，1987 年
60 『**一九六一年冬「風流夢譚」事件**』京谷秀夫，晩聲社，1983 年〔平凡社ライブラリー，1996 年〕
61 『**蘆花徳富健次郎**』中野好夫，筑摩書房，1972–74 年
62 『**鞍馬天狗のおじさんは**』竹中労，白川書院，1976 年〔ちくま文庫，1992 年〕
63 『**井上剣花坊・鶴彬**』坂本幸四郎，リブロポート，1990 年
64 『**たいまつ十六年**』むのたけじ，企画通信社，1963 年〔岩波現代文庫，2010 年〕

65 **『後藤田正晴』**保阪正康，文藝春秋，1993年〔文春文庫，1998年，ちくま文庫，2017年〕

66 **『医者 井戸を掘る』**中村哲，石風社，2001年

67 **『拝啓マッカーサー元帥様』**袖井林二郎，大月書店，1985年〔岩波現代文庫，2002年〕

68 **『密約』**澤地久枝，中央公論社，1974年〔中公文庫，1978年，岩波現代文庫，2006年〕

69 **『国防婦人会』**藤井忠俊，岩波新書，1985年

70 **『別れのブルース』**吉武輝子，文藝春秋，1989年〔小学館文庫，2003年〕

71 **『天皇陛下萬歳』**上野英信，筑摩書房，1971年〔ちくま文庫，1989年，洋泉社ＭＣ新書，2007年〕

72 **『あの戦争から遠く離れて』**城戸久枝，情報センター出版局，2007年〔新潮文庫，2018年〕

73 **『ヒロシマ・ノート』**大江健三郎，岩波新書，1965年

74 **『原爆供養塔』**堀川惠子，文藝春秋，2015年〔文春文庫，2018年〕

75 **『逆転』**伊佐千尋，新潮社，1977年〔岩波現代文庫，2001年〕

76 **『不死身の特攻兵』**鴻上尚史，講談社現代新書，2017年

77 **『米軍ジェット機事故で失った娘と孫よ』**土志田勇，七つ森書館，2005年

78 **『日航123便 墜落の新事実』**青山透子，河出書房新社，2017年〔河出文庫，2020年〕

79 **『ルーズベルトの刺客』**西木正明，新潮社，1991年〔新潮文庫，1994年〕

80 **『嘘つきアーニャの真っ赤な真実』**米原万里，角川書店，2001年〔角川文庫，2004年〕

81 **『絢爛たる影絵』**高橋治，文藝春秋，1982年〔文春文庫，1985年，岩波現代文庫，2010年〕

82 **『極光のかげに』**高杉一郎，目黒書店，1950年〔岩波文庫，1991年〕

83 **『朝鮮と日本に生きる』**金時鐘，岩波新書，2015年

84 **『私戦』**本田靖春，潮出版社，1978年〔河出文庫，2012年〕

85 **『閔妃暗殺』**角田房子，新潮社，1988年〔新潮文庫，1993年〕

86 **『ディア・ピョンヤン』**梁英姫，アートン，2006年
87 **『1★9★3★7』**辺見庸，金曜日，2015年〔角川文庫，2016年〕
88 **『何日君再来物語』**中薗英助，河出書房新社，1988年〔河出文庫，1993年〕
89 **『ピンポンさん』**城島充，講談社，2007年〔角川文庫，2011年〕
90 **『満州裏史』**太田尚樹，講談社，2005年〔講談社文庫，2011年〕
91 **『張学良の昭和史最後の証言』**NHK取材班・臼井勝美，角川書店，1991年〔角川文庫，1995年〕
92 **『上海時代』**松本重治，中公新書，1974–75年〔中公文庫，1989年〕
93 **『ポーツマスの旗』**吉村昭，新潮社，1979年〔新潮文庫，1983年〕
94 **『杉原千畝』**白石仁章，新潮選書，2011年〔新潮文庫，2015年〕
95 **『ある明治人の記録』**石光真人，中公新書，1971年
96 **『鼠』**城山三郎，文藝春秋，1966年〔文春文庫，1975年〕
97 **『ある歴史の娘』**犬養道子，中央公論社，1977年〔中公文庫，1980年〕
98 **『マリコ』**柳田邦男，新潮社，1980年〔新潮文庫，1983年〕
99 **『ストロベリー・ロード』**石川好，早川書房，1988年〔文春文庫，1992年〕
100 **『中村屋のボース』**中島岳志，白水社，2005年

佐高 信

1945年山形県生まれ
1967年慶應義塾大学法学部卒業
現在—評論家・東北公益文科大学客員教授
著書—『面々授受——久野収先生と私』(岩波現代文庫，2006年)
『久野収セレクション』(編著，岩波現代文庫，2010年)
『世代を超えて語り継ぎたい戦争文学』(共著，岩波現代文庫，2015年)
『敵を知り己れを知らば——佐高信の気になる50人』(岩波書店，2016年)
『反-憲法改正論』(角川新書，2019年)
『いま、なぜ魯迅か』(集英社新書，2019年)
『池田大作と宮本顕治——「創共協定」誕生の舞台裏』(平凡社新書，2020年)ほか

時代を撃つノンフィクション100　岩波新書(新赤版)1873

2021年3月19日　第1刷発行
2021年5月14日　第2刷発行

著　者　佐《さ》高《たか》 信《まこと》

発行者　岡本 厚

発行所　株式会社 岩波書店
〒101-8002 東京都千代田区一ツ橋2-5-5
案内 03-5210-4000　営業部 03-5210-4111
https://www.iwanami.co.jp/

新書編集部 03-5210-4054
https://www.iwanami.co.jp/sin/

印刷・精興社　カバー・半七印刷　製本・中永製本

ISBN 978-4-00-431873-6　Printed in Japan

岩波新書新赤版一〇〇〇点に際して

ひとつの時代が終わったと言われて久しい。だが、その先にいかなる時代を展望するのか、私たちはその輪郭すら描きえていない。二〇世紀から持ち越した課題の多くは、未だ解決の緒を見つけることのできないままであり、二一世紀が新たに招きよせた問題も少なくない。グローバル資本主義の浸透、憎悪の連鎖、暴力の応酬――世界は混沌として深い不安の只中にある。

現代社会においては変化が常態となり、速さと新しさに絶対的な価値が与えられた。消費社会の深化と情報技術の革命は、種々の境界を無くし、人々の生活やコミュニケーションの様式を根底から変容させてきた。ライフスタイルは多様化し、一面では個人の生き方をそれぞれが選びとる時代が始まっている。同時に、新たな格差が生まれ、様々な次元での亀裂や分断が深まっている。社会や歴史に対する意識が揺らぎ、普遍的な理念に対する根本的な懐疑や、現実を変えることへの無力感がひそかに根を張りつつある。そして生きることに誰もが困難を覚える時代が到来している。

しかし、日常生活のそれぞれの場で、自由と民主主義を獲得し実践することを通じて、私たち自身がそうした閉塞を乗り超え、希望の時代の幕開けを告げてゆくことは不可能ではあるまい。そのために、いま求められていること――それは、個と個の間で開かれた対話を積み重ねながら、人間らしく生きることの条件について一人ひとりが粘り強く思考することではないか。その営みの糧となるものが、教養に外ならないと私たちは考える。歴史とは何か、よく生きるとはいかなることか、世界そして人間はどこへ向かうべきなのか――こうした根源的な問いとの格闘が、文化と知の厚みを作り出し、個人と社会を支える基盤としての教養となった。まさにそのような教養への道案内こそ、岩波新書が創刊以来、追求してきたことである。

岩波新書は、日中戦争下の一九三八年一一月に赤版として創刊された。創刊の辞は、道義の精神に則らない日本の行動を憂慮し、批判的精神と良心的行動の欠如を戒めつつ、現代人の現代的教養を刊行の目的とする、と謳っている。以後、青版、黄版、新赤版と装いを改めながら、合計二五〇〇点余りを世に問うてきた。そして、いままた新赤版が一〇〇〇点を迎えたのを機に、人間の理性と良心への信頼を再確認し、それに裏打ちされた文化を培っていく決意を込めて、新しい装丁のもとに再出発したいと思う。一冊一冊から吹き出す新風が一人でも多くの読者の許に届くこと、そして希望ある時代への想像力を豊かにかき立てることを切に願う。

（二〇〇六年四月）

社会

サイバーセキュリティ　谷脇康彦
まちづくり都市 金沢　山出保
虚偽自白を読み解く　浜田寿美男
総介護社会　小竹雅子
戦争体験と経営者　立石泰則
住まいで「老活」　安楽玲子
現代社会はどこに向かうか　見田宗介
EVと自動運転 クルマをどう変えるか　鶴原吉郎
ルポ 保育格差　小林美希
津波災害〔増補版〕　河田惠昭
棋士とAI　王銘琬
原子力規制委員会　新藤宗幸
東電原発裁判　添田孝史
日本問答　田中優子／松岡正剛
日本の無戸籍者　井戸まさえ
〈ひとり死〉時代のお葬式とお墓　小谷みどり
町を住みこなす　大月敏雄
親権と子ども　榊原富士子／池田清貴
歩く、見る、聞く 人びとの自然再生　宮内泰介
対話する社会へ　暉峻淑子
悩みいろいろ　金子勝
魚と日本人 食と職の経済学　濱田武士
ルポ 貧困女子　飯島裕子
鳥獣害 動物たちと、どう向きあうか　祖田修
科学者と戦争　池内了
新しい幸福論　橘木俊詔
ブラックバイト 学生が危ない　今野晴貴
原発プロパガンダ　本間龍
ルポ 母子避難　吉田千亜
日本にとって沖縄とは何か　新崎盛暉
日本病 長期衰退のダイナミクス　金子勝／児玉龍彦
雇用身分社会　森岡孝二
生命保険とのつき合い方　出口治明
ルポ にっぽんのごみ　杉本裕明
鈴木さんにも分かるネットの未来　川上量生
地域に希望あり　大江正章
世論調査とは何だろうか　岩本裕
フォト・ストーリー 沖縄の70年　石川文洋
ルポ 保育崩壊　小林美希
多数決を疑う 社会的選択理論とは何か　坂井豊貴
アホウドリを追った日本人　平岡昭利
朝鮮と日本に生きる　金時鐘
被災弱者　岡田広行
農山村は消滅しない　小田切徳美
復興〈災害〉　塩崎賢明
「働くこと」を問い直す　山崎憲
原発と大津波 警告を葬った人々　添田孝史
縮小都市の挑戦　矢作弘
福島原発事故 被災者支援政策の欺瞞　日野行介
日本の年金　駒村康平

岩波新書より

教育

異才、発見！	伊藤史織
パブリック・スクール	新井潤美
新しい学力	齋藤孝
学びとは何か	今井むつみ
考え方の教室	齋藤孝
学校の戦後史	木村元
保育とは何か	近藤幹生
中学受験	横田増生
いじめ問題をどう克服するか	尾木直樹
教育委員会	新藤宗幸
先生！	池上彰編
教師が育つ条件	今津孝次郎
大学とは何か	吉見俊哉
赤ちゃんの不思議	開一夫
日本の教育格差	橘木俊詔
社会力を育てる	門脇厚司
子どもが育つ条件	柏木惠子
障害児教育を考える	茂木俊彦
誰のための「教育再生」か	藤田英典編
教育力	齋藤孝
思春期の危機をどう見るか	尾木直樹
学力を育てる	志水宏吉
幼児期	岡本夏木
教科書が危ない	入江曜子
「わかる」とは何か	長尾真
学力があぶない	大野晋・上野健爾
ワークショップ	中野民夫
子どもの危機をどう見るか	尾木直樹
子どもの社会力	門脇厚司
教育改革	藤田英典
ニューヨーク日本人教育事情	岡田光世
子どもとあそび	仙田満
子どもと学校	河合隼雄
教育とは何か	大田堯
からだ・演劇・教育	竹内敏晴
教育入門	堀尾輝久
子どもの宇宙	河合隼雄
子どもとことば	岡本夏木
自由と規律	池田潔
私は二歳	松田道雄
私は赤ちゃん	松田道雄
ある小学校長の回想	金沢嘉市

岩波新書より

日本史

大化改新を考える	吉村武彦
江戸東京の明治維新	横山百合子
戦国大名と分国法	清水克行
東大寺のなりたち	森本公誠
武士の日本史	髙橋昌明
五日市憲法	新井勝紘
後醍醐天皇	兵藤裕己
茶と琉球人	武井弘一
近代日本一五〇年	山本義隆
語る歴史、聞く歴史	大門正克
義経伝説と為朝伝説 日本史の北と南	原田信男
出羽三山 山岳信仰の歴史を歩く	岩鼻通明
日本の歴史を旅する	五味文彦
一茶の相続争い	高橋敏
鏡が語る古代史	岡村秀典
日本の近代とは何であったか	三谷太一郎

戦国と宗教	神田千里
古代出雲を歩く	平野芳英
自由民権運動 〈デモクラシー〉の夢と挫折	松沢裕作
風土記の世界	三浦佑之
京都の歴史を歩く	小林丈広・高木博志・三枝暁子
蘇我氏の古代	吉村武彦
昭和史のかたち	保阪正康
「昭和天皇実録」を読む	原武史
生きて帰ってきた男	小熊英二
遺骨 戦没者三一〇万人の戦後史	栗原俊雄
在日朝鮮人 歴史と現在	水野直樹・文京洙
京都〈千年の都〉の歴史	高橋昌明
唐物の文化史	河添房江
小林一茶 時代を詠んだ俳諧師	青木美智男
信長の城	千田嘉博
出雲と大和	村井康彦
女帝の古代日本	吉村武彦

秀吉の朝鮮侵略と民衆	北島万次
コロニアリズムと文化財	荒井信一
特高警察	荻野富士夫
朝鮮人強制連行	外村大
古代国家はいつ成立したか	都出比呂志
渋沢栄一 社会企業家の先駆者	島田昌和
中国侵略の証言者たち	岡部牧夫・荻野富士夫・吉田裕編
漆の文化史	四柳嘉章
平家の群像 物語から史実へ	高橋昌明
シベリア抑留	栗原俊雄
アマテラスの誕生	溝口睦子
中国残留邦人	井出孫六
証言 沖縄「集団自決」	謝花直美
遣唐使	東野治之
朝鮮通信使	仲尾宏
戦艦大和 生還者たちの証言から	栗原俊雄
金・銀・銅の日本史	村上隆